Bright Keswani
Vikas Yadav

Algoritmos de Inteligência Artificial

Bright Keswani
Vikas Yadav

Algoritmos de Inteligência Artificial

Uma perspectiva de Algoritmo Genético

ScienciaScripts

Imprint

Any brand names and product names mentioned in this book are subject to trademark, brand or patent protection and are trademarks or registered trademarks of their respective holders. The use of brand names, product names, common names, trade names, product descriptions etc. even without a particular marking in this work is in no way to be construed to mean that such names may be regarded as unrestricted in respect of trademark and brand protection legislation and could thus be used by anyone.

Cover image: www.ingimage.com

Este livro é uma tradução do original publicado sob ISBN 978-620-2-51845-1.

Publisher:
Sciencia Scripts
is a trademark of
International Book Market Service Ltd., member of OmniScriptum Publishing Group
17 Meldrum Street, Beau Bassin 71504, Mauritius
Printed at: see last page
ISBN: 978-620-0-86207-5

ÍNDICE

CAPÍTULO 1 : INTRODUÇÃO

Todos estão empenhados na qualidade; contudo, a declaração seguinte mostra algumas das ideias confusas partilhadas por muitos indivíduos que inibem a obtenção de um compromisso de qualidade: A qualidade exige um compromisso, sobretudo da gestão de topo. Para que isso aconteça, é necessária uma estreita cooperação entre a direcção e o pessoal.

Muitos indivíduos acreditam que produtos e serviços sem defeitos são impossíveis e aceitam certos níveis de defeitos como normais e aceitáveis.

I.　A qualidade está frequentemente associada ao custo, o que significa que alta qualidade é igual a custo elevado. Isto é uma confusão entre qualidade de concepção e qualidade de conformidade.

II.　A qualidade exige especificações de requisitos suficientemente pormenorizadas para que os produtos produzidos possam ser medidos quantitativamente em relação a essas especificações. Muitas organizações não são capazes ou não estão dispostas a despender o esforço de produzir especificações com o nível de detalhe exigido.

III.　O pessoal técnico acredita frequentemente que as normas asfixiam a sua criatividade e, por conseguinte, não cumprem as normas. No entanto, para que a qualidade aconteça, devem scr seguidas normas e procedimentos bem definidos.

IV.　A qualidade não pode ser alcançada através da avaliação de um produto já concluído. O objectivo consiste, portanto, em evitar, em primeiro lugar, defeitos ou deficiências de qualidade e tornar os produtos passíveis de avaliação através de medidas de garantia da qualidade. Algumas medidas de garantia da qualidade incluem: estruturar o processo de desenvolvimento com uma norma de desenvolvimento de software e apoiar o processo de desenvolvimento com métodos, técnicas e ferramentas. Os bugs não detectados no software que causaram milhões de perdas às empresas exigiram o crescimento de testes independentes, que são realizados por uma empresa que não os desenvolvedores do sistema.

V.　Para além das avaliações de produtos, as avaliações de processos são essenciais para um programa de gestão da qualidade. Os exemplos incluem documentação de padrões de codificação, prescrição e utilização de padrões, métodos e ferramentas, procedimentos para backup de dados, metodologia de teste, gestão de mudanças, documentação de defeitos e reconciliação. A gestão da qualidade reduz os custos de produção porque quanto mais cedo um defeito for localizado e corrigido, menos dispendioso será a longo prazo.

VI. Com o advento das ferramentas de ensaio automatizado, embora o investimento inicial possa ser substancial, o resultado a longo prazo serão produtos de maior qualidade e custos de manutenção reduzidos. O custo total da gestão eficaz da qualidade é a soma de quatro custos componentes: prevenção, inspecção, falha interna e falha externa.

VII. As despesas de prevenção consistem em medidas tomadas para evitar a ocorrência de defeitos. Os custos de inspecção consistem na medição, avaliação e auditoria de produtos ou serviços para verificação da conformidade com as normas e especificações.

VIII. Os custos de avarias internas são os incorridos na reparação de produtos defeituosos antes da sua entrega.

IX. A detecção e remoção de erros é a faceta mais vital mas habitualmente negligenciada da garantia de qualidade do software em qualquer projecto. Se funcionar em todas as fases do desenvolvimento de software, pode condensar o tempo, as despesas gerais e os recursos necessários para conceber um produto de alta qualidade. O principal desafio de uma indústria de TI é conceber um produto de software com o mínimo de defeitos pós-implantação.

1.1 Desenvolvimento de software

O desenvolvimento de software é composto por várias fases. Cada fase termina com uma saída definida. As fases são executadas numa ordem especificada por um modelo de processo. As principais fases do modelo de cascata são a Análise de Requisitos, Desenho, Codificação e Teste. Destas, os testes consomem o máximo esforço do desenvolvimento. O principal objectivo da fase de teste é localizar as falhas máximas no software resultantes de um produto menos propenso a erros. O software é testado com um conjunto de casos de teste, para fazer um julgamento sobre a qualidade ou aceitabilidade e para descobrir as falhas. Duas técnicas fundamentais são utilizadas para identificar casos de teste, conhecidas como testes funcionais e estruturais. O processo de gerar os casos de teste utilizando estas abordagens manualmente é um processo que consome muito tempo e esforço, necessitando de um mecanismo para gerar os casos de teste automaticamente.

O teste de software é qualquer actividade destinada a avaliar a capacidade de um programa ou sistema, bem como a determinar se este cumpre a sua funcionalidade exigida [Hetzel & William, (1988)]. Embora crucial para a qualidade do software e amplamente implantado por programadores e testadores, os testes de software continuam a ser uma arte, devido a uma compreensão imperfeita da ética do software. A dificuldade nos testes de software deriva da complexidade do software. Não se pode testar completamente um programa com uma complexidade razoável. Testar é mais do que apenas depurar. O objectivo dos testes pode ser a garantia de qualidade, verificação e validação, ou a estimativa de fiabilidade. Os testes também podem ser usados como uma métrica genérica. Os testes de exactidão e os testes de fiabilidade são duas áreas de teste principais. Os testes de software são uma solução de compromisso entre orçamento, tempo e qualidade. Os testes de software são trabalhosos e, portanto, caros, mas muito utilizados para controlar a qualidade. É uma parte de quase todos os projectos de software. A fase de teste de projectos típicos absorve até 50% do esforço total do projecto, contribuindo assim significativamente para os custos do projecto e nada acrescenta ao produto de software em termos de funcionalidade. Os testes de software apenas revelam a presença de erros, mas nunca garantem a sua ausência [Dijkstra (1972)].

Estudos mostram também que a manutenção pode consumir até 80% do custo de todo o ciclo de vida do software, e grande parte desse custo é dedicado a testes. Qualquer alteração no software pode potencialmente influenciar o resultado de um teste. Por este motivo, os testes têm de ser repetidos com frequência. Isto é susceptível de erros, aborrecido, moroso e dispendioso. Para ajudar a testar o programa, foram desenvolvidos vários tipos de técnicas. Para a fase de teste, uma abordagem de caixa negra ao teste é suportada pela geração de casos de teste que cobrem a funcionalidade esperada do programa [Cohen et al. (1997)]. **Os** dados de teste podem ser gerados automaticamente para suportar um teste de caixa branca [Ferguson & Korel (1996)], [Gallagher & Narasimhan (1997)] & [Korel, Wedde & Ferguson (1991)]. A geração de dados de teste em testes de programa é o processo de identificação de um conjunto de dados de teste que satisfazem o critério de teste dado. A maioria dos geradores de dados de ensaio existentes [Bicevskis et al. (1979)], [Boyer, Elspas, & Levitt (1975)], [Clarke (1976)], [Howden (1977)] & [Ramamoorthy & Chen (1976)] utilizam uma avaliação **simbólica** para obter dados de ensaio. Contudo, em programas práticos esta técnica requer frequentemente manipulações algébricas complexas, especialmente na presença de matrizes. Os testes são a forma mais comum de aumentar a confiança na correcção e fiabilidade do software. A rápida mudança do software e dos ambientes informáticos apresenta muitos desafios para o sucesso e eficiência dos testes na prática. A investigação passada em testes de software em evolução resultou em técnicas que tentam automatizar ou automatizar parcialmente o processo. Embora poucas destas técnicas tenham sido transferidas com sucesso para a prática, as técnicas existentes mostram ser promissoras para a indústria. Ao combinar análise de programas, aprendizagem de máquinas e técnicas de visualização, pode-se esperar uma melhoria significativa no processo de teste de software em evolução que proporcionará redução no custo e melhoria na qualidade.

1.2 Testes de software

Há uma série de critérios de adequação para gerar os casos de teste, tais como análise do valor-limite, cobertura do percurso, cobertura dos ramos, etc., que se enquadram na categoria white-box ou black-box. Mas não há critérios, excepto testes exaustivos, através dos quais se pode garantir que, se um conjunto de testes qualificar esses critérios, detectará todas as falhas no software, pelo que se pode inferir que, utilizando estas técnicas, se pode certificar a presença de erro, mas não a ausência de erro. Os testes exaustivos não são praticamente viáveis devido ao problema da explosão combinatória, pelo que o objectivo dos testes é reduzido para gerar os casos de teste de modo a que os esforços necessários para os gerar sejam minimizados e o número de falhas detectadas seja maximizado. Estão disponíveis várias técnicas para gerar automaticamente os casos de teste, como testes aleatórios, anti-random testing, etc. O objectivo de todas estas técnicas é encontrar um número mínimo de casos de teste para testar o software na sua totalidade. Assim, os testes podem ser vistos como um problema de optimização. Há uma série de técnicas para resolver problemas de otimização; uma delas é o Algoritmo Genético. Algoritmos Genéticos são pesquisas baseadas na população com base no princípio de *sobrevivência do teste de aptidão de Darwin*. O Algoritmo Genético é basicamente uma técnica evolutiva inspirada na evolução biológica. Foi desenvolvido nos anos 70 por J. Holland, seus colegas e seus alunos da Universidade de Michigan. Ele imita o processo de evolução natural. O Algoritmo Genético começa com uma população inicial e depois aplica operadores genéticos como a selecção, cruzamento, mutação e substituição nessa população para evoluir cada vez melhor. O Algoritmo Genético pode ser terminado em qualquer um dos dois casos: número máximo de gerações alcançadas ou valor óptimo encontrado.

O ponto fraco mais significativo dos testes é que o funcionamento postulado do sistema testado só pode, em princípio, ser verificado para as situações de entrada que foram seleccionadas como dados de teste. A prova de correcção só pode ser produzida por um teste completo, ou seja, um teste com todos os valores de entrada possíveis, sequências de valores de entrada e combinações de valores de entrada sob todas as restrições praticamente possíveis. Na prática, o teste completo é geralmente impossível devido à grande quantidade de situações de entrada possíveis. Os ensaios só podem, portanto, ser um método de amostragem. Por conseguinte, a selecção de uma amostra adequada contendo os dados de ensaio mais sensíveis a erros é essencial para o ensaio. Se os dados de ensaio relevantes para a implantação prática do sistema forem omitidos, a probabilidade de detecção de erros dentro do software diminui. De todas as actividades de teste - concepção do caso de teste, execução do teste, monitorização, avaliação do teste, planeamento do teste, organização do teste e documentação do teste - a importância essencial é assim atribuída à concepção do caso de teste, [Wegener & Pitschinetz (1994)].

Os testes de software representam aproximadamente 50% do custo total do software, [Beizer B (1990)]. Este custo poderia ser reduzido se o processo de teste fosse automatizado. No passado, foram apresentados vários métodos diferentes para gerar a data do ensaio. Estes métodos estão divididos em três classes: Geração de dados de ensaio *aleatórios, orientados para o percurso e para os objectivos*, [Ferguson R. e Korel (1996)].

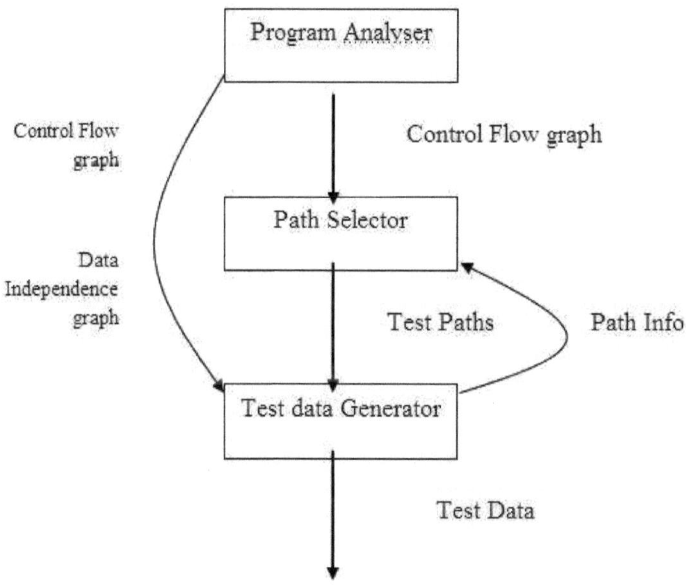

Figura 1.1: Arquitectura de um sistema gerador de dados de ensaio

A figura 1.1 mostra um sistema gerador de dados de teste típico, composto por três partes: analisador de programa, selector de trajectória e gerador de dados de teste. O código fonte é executado através de um analisador de programa, que produz os dados necessários utilizados pelo seletor de caminho e pelo gerador de dados de teste. O seletor inspeciona os dados do programa a fim de encontrar caminhos adequados. Caminhos adequados podem implicar, por exemplo, caminhos que levam a uma alta cobertura de código. As trajetórias são então dadas como argumento para o gerador de dados de teste que deriva valores de entrada que exercem as trajetórias dadas. O gerador pode fornecer ao selector feedback, tal como informação relativa a trajectórias inviáveis.

Devido à não-linearidade do software (if-statements, loops, etc.), a conversão de problemas de teste em tarefas de optimização resulta normalmente em espaços de pesquisa complexos, descontínuos e não lineares. Os métodos de busca de vizinhança, como a subida de colinas, não são adequados nesses casos. Portanto, métodos de busca meta-heurísticos, tais como algoritmos evolutivos, são empregados. A adequação dos algoritmos evolutivos para teste baseia-se na sua capacidade de produzir soluções eficazes para espaços de busca complexos e mal compreendidos, com muitas dimensões. As dimensões dos espaços de pesquisa estão directamente relacionadas com o número de parâmetros de entrada do sistema em teste. A execução de diferentes caminhos de programa e as estruturas aninhadas em sistemas de software conduzem a espaços de pesquisa multi-modelo ao testar.

1.3 Abordagens de ensaio

A prática de testar software tornou-se um dos aspectos mais importantes do processo de criação de software. Quando o software é testado, o primeiro e potencialmente mais crucial passo é a concepção de casos de teste. O desenvolvimento de técnicas de teste eficazes e eficientes tem sido um grande problema na criação de casos de teste. Existem várias técnicas bem conhecidas associadas à criação de casos de teste para um sistema. São escolhidas estratégias de concepção de testes que são adequadas ao tipo de aplicação em teste e aos tipos de bugs procurados. Cada estratégia tem um âmbito, pressupostos e limitações distintos. Basicamente, existem duas abordagens de teste de software: o Teste de Black-Box ou Teste Funcional e o Teste de White-Box ou Teste Estrutural.

1.3.1 Ensaios funcionais

O teste funcional é um método de teste de software que testa a funcionalidade de uma aplicação em oposição às suas estruturas internas. Esta estratégia de teste baseia-se na visão de que qualquer programa pode ser considerado como uma função que mapeia os valores desde o seu domínio de entrada até aos valores na sua gama de saída. Muitas vezes, o ser humano funciona muito eficazmente com conhecimentos de caixa negra;

de facto, isto é central para a orientação a objectos. Este método de teste pode ser aplicado a todos os níveis de teste de software: unidade, integração, sistema e aceitação. Normalmente inclui a maioria, se não todos os testes a níveis superiores, mas também pode dominar os testes unitários.

Neste tipo de testes, os casos de teste são concebidos com base nas necessidades dos clientes ou nas especificações do programa e não na estrutura interna do programa. A abordagem de teste funcional mais compreensível é o teste exaustivo, mas não é prática. Os testes exaustivos que irá encontrar, mas os testes exaustivos não o farão.

Os casos de teste funcionais têm duas vantagens distintas:

1) São independentes da forma como o software é implementado. Assim, se a implementação for alterada, os casos de teste permanecem inalterados e continuam a ser úteis.

2) A geração de casos de teste pode ser iniciada em paralelo com a implementação, poupando assim o tempo de desenvolvimento global do projecto.

Os testes funcionais têm também uma grande desvantagem em casos de testes redundantes. Podem existir despedimentos significativos entre os casos de teste que são responsáveis pelo desperdício de esforço e tempo.

1.3.2 Separação de Classes de Equivalência

Antes de começar realmente o teste, é bom ter casos de teste ideais que não só cubram todas as características exigidas, mas também sejam adequados para descobrir bugs de boa qualidade. Existem muitas técnicas de desenho para a escrita de casos de teste. Uma das mais populares entre elas é a Separação de Classes de Equivalência.

 É uma técnica de desenho de casos de teste em caixa negra (baseada na especificação) com dois objectivos principais

1) Reduzir ao mínimo necessário o número de casos de teste,

2) Seleccionar os casos de teste correctos para cobrir todos os cenários possíveis.

A ideia básica por trás da divisão de classes de equivalência é que a entrada para o programa pode ser colocada em grupos e que o programa deve comportar-se de forma equivalente para cada membro do grupo. Portanto, não será necessário testar cada entrada possível, mas apenas um ou alguns membros de cada classe de equivalência. Como o teste exaustivo é quase impossível, a próxima abordagem natural é dividir o domínio de entrada num conjunto de classes de equivalência. Agora, se algum módulo ou programa funcionar correctamente para qualquer valor nessa classe, então funcionará correctamente para todos os outros valores nessa classe de equivalência. Do mesmo modo, pode-se conceber tais classes de equivalência para todo o domínio de entrada. Assim, o número de casos de teste pode ser reduzido seleccionando um caso de teste de cada classe de equivalência. Por exemplo, se se estiver a verificar um programa para determinar se um número é primo ou não, pode-se dividir todo o domínio de entrada em duas classes de equivalência, uma contendo todos os números primos e outra contendo todos os números não primos. O conjunto de números primos é designado por entradas válidas e o conjunto de entradas não-prime é designado por entradas inválidas. No caso de software robusto, é necessário considerar também as entradas inválidas. Do mesmo modo, é possível dividir ainda mais as classes em outras classes mais pequenas para melhorar o processo de ensaio.

No passado, observa-se que os casos de teste se situam em classes diferentes. As classes de equivalência devem formar uma divisão do conjunto, em que a divisão se refere a um conjunto de subconjuntos desunidos entre si, em que a união é o conjunto completo. Isto tem duas implicações importantes para os testes de software: o facto de todo o conjunto estar representado proporciona uma forma de completude e desarticulação garante uma forma de não-redundância. Como os subconjuntos são determinados por uma relação de equivalência, os elementos de um subconjunto têm algo em comum. Assim, a ideia é identificar casos de teste, utilizando um elemento de cada classe de equivalência. Se as classes forem escolhidas de forma sensata, a redundância potencial nos casos de teste é muito reduzida. Por exemplo, para um caso de teste triangular equilátero, se se escolher (3, 3, 3) como caso de teste, então não se espera aprender muito com (6, 6, 6) ou (50, 50, 50). A chave do ensaio de classes de equivalência é a escolha da relação de equivalência, que divide as classes. Para efeitos de desenhos, será utilizada uma função F de duas variáveis $x1$, $x2$ [Jorgenson (2002)]. Quando F é implementada são seguidos os limites e intervalos para os valores de $x1$ e $x2$: -

$$a <= x1 <= d, \text{ com intervalos } (a, b), (b, c), (c, d)$$

$$e <= x2 <= g, \text{ com intervalos } (e, f), (f, g)$$

Os valores inválidos para $x1$ e $x2$ são $x1 < a$, $x1 > d$ e $x2 < e$, $x2 > g$.

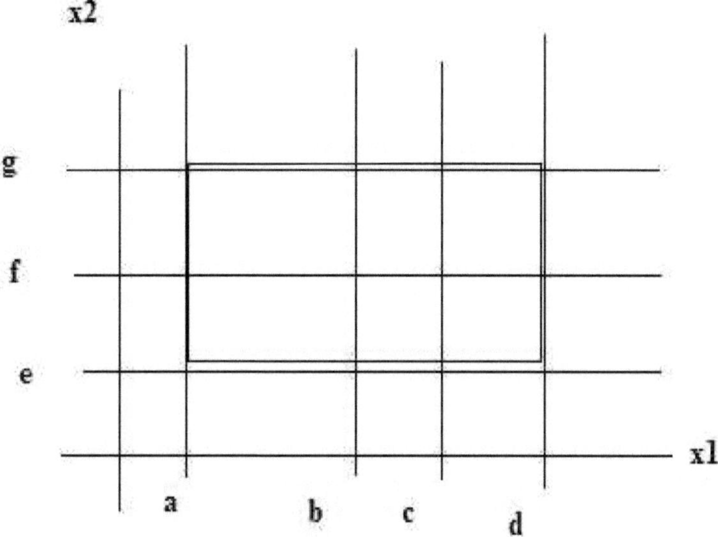

Figura 1.2: Separação de classes de equivalência para limites variáveis [Jorgenson (2002)]

Para um exemplo mais geral, as partições de classe de equivalência para um módulo de data seguinte (ou seja, um módulo que calcula a data seguinte dada a data actual), devolve a data muito próxima da data actual introduzida. Pode ser feito como em:

É uma função de três variáveis e os limites são os que se seguem:

$$M1 = \text{mês } (1 <= \text{mês} <= 12)$$
$$D1 = \text{data } (1 <= \text{data} <= 31)$$
$$Y1 = \text{ano } (1951 <= \text{ano} <= 2051)$$

As classes de equivalência inválidas foram:

$$M2 = \text{mês} < 1$$
$$M3 = \text{mês} > 12$$
$$D2 = \text{data} < 1$$
$$D3 = \text{data} > 31$$
$$Y2 = \text{ano} < 1951$$
$$Y3 = \text{ano} > 2051$$

Assim, os casos de ensaio robustos com ensaio de equivalência de classes podem ser como em baixo:

Quadro 1.1 Caixas de ensaio robustas para a compartimentação por classes de equivalência

Mês	Data	Ano	Observações
5	15	1962	Todas as entradas válidas
-1	15	1962	Classe M2
15	15	1962	Classe M3
5	-1	1962	Classe D2
5	45	1962	Classe D3
5	15	1900	Classe Y2
5	15	2100	Classe Y3

1.3.3 Análise do Valor Limite

O desempenho de qualquer módulo na fronteira de cada partição de equivalência é mais susceptível de ser incorrecto, pelo que os limites são uma área em que os testes são susceptíveis de produzir erros. Os valores máximos e mínimos de uma divisória são os seus valores-limite. Um valor limite para uma divisória válida é um valor limite válido e o limite de uma divisória inválida é um valor limite inválido. Os casos de teste podem ser concebidos para abranger tanto os valores-limite válidos como os valores-limite inválidos. Na concepção dos casos de ensaio, é seleccionado um ensaio para cada valor-limite. A análise do valor-limite pode ser aplicada a todos os níveis de ensaio. É comparativamente fácil de aplicar e a sua capacidade de detecção de defeitos é elevada. Este método de ensaio é frequentemente considerado como uma extensão da compartimentação por equivalência. Suponhamos que cada valor de entrada tem um intervalo definido. A análise do valor limite pode ter seis casos de ensaio. Se qualquer variável inteira tiver alguns valores mínimos e máximos, então há seis valores-limite que satisfazem os critérios da análise do valor-limite. Um tem mínimo-1, mínimo, mínimo+1 para o limite inferior e máximo-1, máximo, máximo+1 para o limite superior. Existem duas estratégias para combinar os valores-limite para as diferentes variáveis em casos de teste. No primeiro caso, se uma delas tiver duas variáveis X e Y, então, totalizam 13 casos de teste (Xmin-1, Xmin, Xmin+1, Xmax-1, Xmax, Xmax+1, Ymin-1, Ymin, Ymin+1, Ymax-1, Ymax, Ymax+1, e um valor nominal). Assim, neste caso, o número total de casos de teste passa a ser de 6n+1. Em segundo lugar, pode-se tentar todas as combinações possíveis para os valores de diferentes variáveis. Agora há sete valores para cada variável, portanto se houver n variáveis, o total de combinações será 7n. Existem certas limitações enquanto se optimizam os casos de teste usando BVA. A análise de valores-limite funciona bem quando o software em teste (SUT) é uma função de várias variáveis autónomas que representam quantidades físicas delimitadas. Quando estas condições são cumpridas o BVA funciona bem mas quando não o são existem muitas deficiências nos resultados.

Os valores-limite de um programa são descritos como limites de entrada das variáveis utilizadas no programa. Para desenhar o problema, é utilizada uma função F. F é uma função de duas variáveis, x1 e x2. Quando a função F é implementada como um programa, estas variáveis de entrada terão alguns limites de entrada:

$$a <= x1 <= b;$$

$$c <= x2 <= d;$$

O espaço de entrada da função F é indicado na figura 1.3. Qualquer ponto dentro do rectângulo sombreado é um ponto legítimo para a função F.

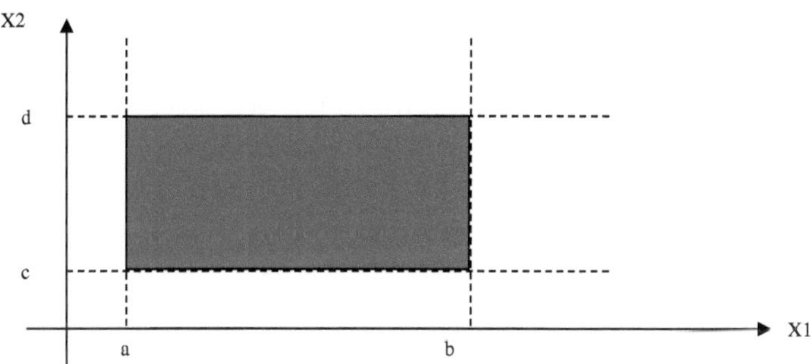

Figura 1.3: Domínio de entrada de uma função de duas variáveis

A análise do valor-limite centra-se no limite do espaço de entrada para identificar casos de teste. Assim, a ideia básica é seleccionar cinco valores, mínimo, um pouco acima do mínimo, valor nominal, um pouco abaixo do máximo e do máximo. Os valores do caso de teste para a análise do valor limite são mostrados na Figura 1.4.

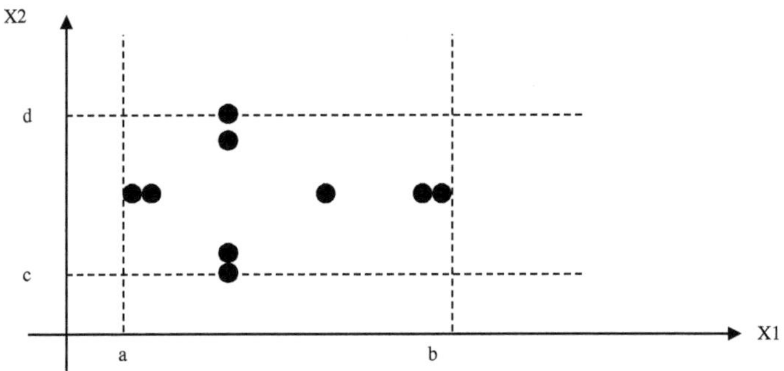

Figura 1.4: Casos de teste da análise do valor-limite para uma função de duas
variáveis

A figura acima mostra as áreas interessantes dos testes de análise de valores-limite. A
análise de valores-limite não faz sentido para as variáveis booleanas porque os valores
extremos para estas variáveis são VERDADEIROS e FALSOS. Assim, as outras três
faixas (logo acima do mínimo, valor nominal, logo abaixo do máximo) não podem ser
preenchidas para a análise de valores-limite. A análise do valor limite funciona bem
em programas onde o programa é função de várias variáveis independentes que
representam quantidades físicas delimitadas.

1.3.4 Gráfico de Causa-efeito

O maior inconveniente com as duas técnicas acima referidas é que consideram cada
input individualmente. Ambas as técnicas não se centram na combinação de inputs que
detectam erros de forma inteligente, mas sim nas condições e classes de um input. Uma
"causa" no gráfico de causa-efeito corresponde a uma condição de entrada individual
que provoca uma mudança interna no sistema e um "efeito" representa uma condição
de saída. Nesta estratégia de ensaio são identificadas, em primeiro lugar, as condições
de entrada denominadas causas e a sua acção denominada efeito para um módulo. Em
seguida, é desenvolvido um gráfico de causa-efeito que transforma esse gráfico numa
tabela de decisão. Cada coluna de uma tabela de decisão representa um caso de teste.
Se houver n condições de entrada diferentes e qualquer combinação das condições de
entrada for válida, então o número total de casos de ensaio é de 2n. O gráfico de causa-
efeito selecciona combinações de condições de entrada de forma sistemática, de modo
a que o número de casos de ensaio não se torne indeterminavelmente grande. Assim,
após identificar a causa e os efeitos, para cada efeito é possível identificar as causas

que podem produzir esse efeito e como a condição tem de ser combinada para que o efeito seja verdadeiro. As condições são combinadas utilizando os operadores booleanos "AND", "OR" e "NOT". Porque a técnica gráfica de efeito gera casos de teste de alto rendimento, bem como dá a compreensão da funcionalidade do sistema. Existem muitas técnicas disponíveis para reduzir o número de casos de teste gerados por uma travessia apropriada do gráfico.

1.3.5 Ensaios em pares

Os parâmetros são a melhor forma de interagir com o módulo de software. Há muitos parâmetros que determinam o comportamento do software. Estes parâmetros podem assumir valores diferentes e, para alguns dos valores, o software pode não funcionar correctamente. O ensaio de todos os pares ou ensaios em pares é um método de ensaio combinatório baseado em especificações, que exige que, para cada par de parâmetros de entrada num sistema (normalmente, um algoritmo de software), cada combinação de valores válidos destes dois parâmetros seja abrangida por pelo menos um caso de ensaio [Tai & Lei (2002)]. O teste em pares tornou-se uma ferramenta essencial na caixa de ferramentas de um testador de software. Para um sistema complexo que tem muitos parâmetros e cada parâmetro pode ter muitos valores de entrada, todo o ensaio combinatório, ou seja, todas as combinações dos valores de entrada não é possível e são necessárias técnicas práticas para diminuir o número de casos de ensaio. No ensaio em pares, todos os pares de valores têm de ser exercidos durante o ensaio. Se houver n parâmetros, cada um com m valores, então entre cada dois parâmetros pode haver m x m pares. O objectivo principal do ensaio em pares é ter um conjunto de casos de ensaio que cubram todos os pares, se houver n parâmetros, um caso de ensaio é uma combinação de valores desses parâmetros e cobrirá (n-1)+(n-2)+...... =n(n-1)/2 pares. No melhor caso, quando cada par é coberto exactamente uma vez por um caso de ensaio, serão necessários m2 de casos de ensaio diferentes para cobrir todos os pares. O ensaio em pares é uma forma prática de testar grandes sistemas de software que têm muitos parâmetros diferentes com um funcionamento distinto esperado para valores diferentes. É uma abordagem prática para testar sistemas de software de uso geral que se espera que funcionem em ambientes diferentes.

1.3.6 Ensaios com base no Estado

Os testes baseados no Estado são técnicas de teste funcional. A Técnica Baseada no Estado é diferente da técnica de partição de valores-limite e classes de equivalência, uma vez que estão mais relacionadas com as várias combinações de entradas e os seus resultados.

Em qualquer sistema, terá um conjunto de inputs e acções correspondentes. Os testes baseados no Estado estão a fazer uso disso. É necessário identificar todas as transições válidas e inválidas possíveis no sistema e testá-las.

1. Identificar os diversos COMPONENTES do sistema

2. Identificar os vários ESTADOS possíveis destes componentes

3. Identificar a ACÇÃO possível (ou seja: acção que provoca a transição de um Estado para outro).

4. Desenhe um diagrama de estados com base nestes

5. Testar todas as transições válidas e inválidas.

Por exemplo: Considere o exemplo do empilhamento.

Componentes: Pilha

Estados: Vazio, Cheio, Holding

Acções: Push, Pop

1.3.7 Ensaios estruturais

O teste funcional diz respeito à função que o programa em teste deve desempenhar e não diz respeito à estrutura interna do programa responsável pela implementação efectiva dessa função. O teste estrutural diz respeito à funcionalidade do software em teste e não à implementação efectiva do programa. Os testes estruturais, por outro lado, dizem respeito a testar a implementação efectiva do programa. A intenção deste teste não é exercer todas as diferentes condições de entrada ou saída, mas sim exercer as diferentes estruturas de programação e estruturas de dados utilizadas no programa.

1.3.8 Ensaios de controlo do fluxo

O ensaio de controlo de fluxo é uma das técnicas de ensaio estrutural que utiliza o fluxo de controlo do programa como modelo. Os ensaios de controlo de fluxo aplicam-se a quase todo o software e são eficazes para a maioria dos softwares. É uma técnica de teste fundamental. A sua aplicabilidade é, na sua maioria, a programas relativamente pequenos ou segmentos de programas maiores. As técnicas de teste de controle de fluxo são baseadas na seleção judiciosa de um conjunto de caminhos de teste através do programa. O conjunto de caminhos escolhidos é usado para alcançar uma certa medida de rigor de teste, por exemplo, escolher caminhos suficientes para assegurar que cada declaração de fonte seja executada pelo menos uma vez. O teste de fluxo de controle é mais aplicável a novos softwares para testes unitários. Os bugs de fluxo de controle não são tão comuns como costumavam ser porque a programação estruturada e as linguagens orientadas a objetos os minimizam.

As postulações dos testes de controle de fluxo são

1) As especificações são correctas

2) Os dados são definidos e acedidos correctamente

3) Não existem outros bugs para além dos que afectam o fluxo de controlo.

Os Critérios Fundamentais de Selecção do Caminho são:

1. Assegurar que todas as instruções da rotina tenham sido exercidas pelo menos uma vez.

2. Todas as decisões foram tomadas em cada direcção possível, pelo menos uma vez.

3. Um número adequado de vias para alcançar a cobertura.

4. Selecção de caminhos curtos e funcionalmente sensatos

5. Minimizar o número de mudanças de caminho para caminho. De preferência, apenas uma decisão mudando de cada vez

6. Favorecer caminhos mais simples, mas mais simples, em vez de caminhos menos longos e complicados.

7. Esboço de ensaios baseados no fluxo de controlo:

8. Entradas para o processo de geração de ensaios

    a. Código fonte

    b. Critérios de selecção dos canais horários: declaração, ramo, etc.

9. Geração de gráfico de fluxo de controle (CFG)

    a. Um CFG é uma representação gráfica de uma unidade de programa.

    b. Os compiladores são modificados para produzir GFC. (É possível desenhar um à mão).

10. Selecção dos caminhos

a. São seleccionadas vias de entrada/saída suficientes para satisfazer os critérios de selecção das vias.

11.Geração de dados de entrada de ensaios

    a. Dois tipos de caminhos

        i. Caminho exequível: Existe um input para que o caminho seja executado.

        ii. Caminho inexequível: Não há entrada para executar o caminho.

    b. Solucionar as condições do percurso para produzir a entrada de ensaio para cada percurso.

O gráfico de fluxo de controle é uma representação gráfica da estrutura de controle de um programa. Os gráficos de fluxo são constituídos por três primitivos.

1) Uma decisão é um ponto do programa em que o controlo pode divergir. Por exemplo, se e caso afirmativo).

2) Uma junção é um ponto de programa onde o fluxo de controlo pode fundir-se. (por *exemplo,* terminar se, terminar o laço, etiqueta goto)

3) Um bloco de processo é uma sequência de instruções do programa sem interrupção por decisões ou por códigos de junção, ou seja, códigos de linha recta.

Um processo tem uma entrada e uma saída.

Um programa não salta para dentro ou fora de um processo.

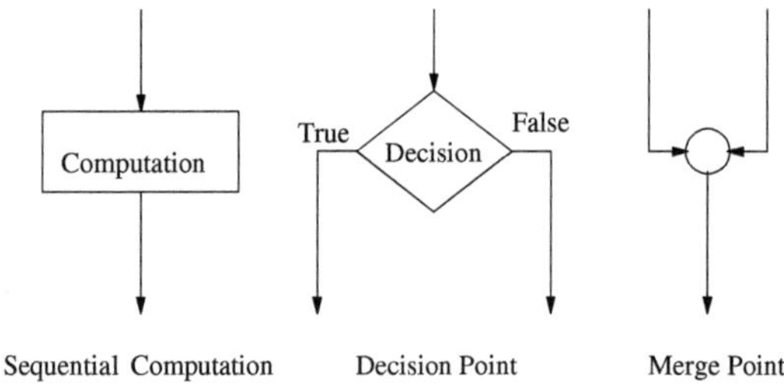

Figura 1.5: Símbolos num gráfico de fluxo de controlo

1.3.9 Ensaios de fluxo de dados

A ideia do teste de fluxo de dados permite ao testador inspeccionar variáveis ao longo do programa para descobrir erros. O teste data-flow é uma forma de teste estrutural que é uma variante no teste do caminho. Centra-se na dentição e utilização das variáveis, e não na estrutura do programa. O teste data-flow permite ao testador traçar os valores em mudança das variáveis dentro do programa. Isto é feito utilizando a ideia de um gráfico do programa. Assim, o teste do fluxo de dados está intimamente relacionado com o teste do caminho, mas os caminhos no programa são selecionados nas variáveis. O teste de fluxo de dados examina o ciclo de vida de uma determinada peça de uma variável numa aplicação. Ao procurar padrões de utilização de dados, podem ser encontradas áreas de código de risco e mais casos de teste podem ser aplicados sobre o mesmo.

Os dados podem ser utilizados de quatro formas

1) Definido,

2) Predicar a utilização (pu),

3) Utilização do cálculo (cu),

4) mortos.

Alguns padrões que utilizam um dado numa lógica predicada após ter sido morto mostram uma anomalia no código e, portanto, a possibilidade de um bug.

1.3.9.1 Ensaios estáticos de fluxo de dados

Em testes de fluxo de dados estático, o código fonte é analisado sem execução [Copeland (2004)].

A análise estática permite ao testador concentrar-se em três anomalias [Jorgensen (2001)]:

1) Uma variável que é defined mas que nunca foi utilizada (referenciada).

2) Uma variável que é utilizada mas nunca defined.

3) Uma variável que é defined duas vezes antes de ser utilizada.

1.3.9.2 Ensaios dinâmicos de fluxo de dados

O foco principal dos testes dinâmicos de fluxo de dados é descobrir possíveis erros na utilização dos dados ao longo da execução do programa. Para realizar esta tarefa, são criados casos de teste que rastreiam cada definição para cada uma das suas utilizações e cada utilização é rastreada para cada uma das suas definições. Várias estratégias são usadas para a criação dos casos de teste [Rapps Sandra & Elaine Weyuker (1982)], [Parrish & Zweben (1995)]. Nos testes dinâmicos de fluxo de dados os caminhos foram seleccionados através do programa de acordo com os locais e propriedades das referências às variáveis dentro do código do programa, um programa pode ser examinado em termos de como as variáveis são influenciadas ao longo da execução do programa com alguns dados de teste.

Há duas formas de ocorrência de variáveis em um programa

1) Ocorrências de definição

2) Ocorrências de utilização.

A ocorrência de uma definição de variável ocorre quando algum valor é atribuído a essa variável. Por exemplo a=5, aqui a variável "a" é definida com o valor 5. Ocorre uma utilização de uma variável quando o valor dessa variável é utilizado no programa. Por exemplo, na expressão "a", aqui o valor da variável "a" é usado para imprimir algum valor em alguma ocasião.

Existem dois tipos de ocorrências de utilização

1) Ocorrências de uso computacional.

2) Prever ocorrências de utilização.

O uso computacional de uma variável é quando o valor da variável é usado para calcular o valor de outras variáveis. Por exemplo, a=b+3. Aqui a variável "b" é usada para calcular o valor da variável "a". A ocorrência de uma variável por utilização predicada é quando o valor da variável é utilizado para tomar alguma decisão (verdadeiro/falso) que determina a trajectória de execução imediata. Um par de desfasamento é um par de ocorrência de definição e ocorrência de utilização de uma variável que pode ser ligada por uma trajectória que não inclui a passagem de quaisquer outras ocorrências de definição da mesma variável.

Todos os critérios de definição são um critério de cobertura de ensaio que exige que um conjunto de ensaios adequado cubra todas as ocorrências da definição e, para cada ocorrência da definição, as vias de ensaio devem cobrir uma via através da qual a definição chega a uma utilização da definição. Todos os critérios de utilização exigem que todas as utilizações de uma definição devem ser abrangidas.

O critério "todas as utilizações" é mais forte do que o critério "todas as definições". O critério mais forte é o critério "todos os percursos de definição-utilização", que exige a cobertura de todos os percursos de definição-utilização possíveis, que ou são livres de ciclos ou têm apenas ciclos simples. Um ciclo simples é uma trajectória em que apenas o nó final e o nó inicial são o mesmo.

Existem muitas condutas significativas associadas aos testes de software, tais como

1) Encontrar uma trajectória coberta para cobrir um determinado critério de ensaio

2) geração de dados de teste para satisfazer a cobertura do percurso,

3) Execução do ensaio, utilizando os dados do ensaio e o software em teste e

4) Avaliação dos resultados dos testes.

Foram desenvolvidas várias técnicas de geração de dados de teste.

1.4 Organizações baseadas em produtos e organizações baseadas em serviços

O que é um "Produto" e o que é um "Serviço"? Para responder a estas perguntas, vamos entender esta diferença através de um exemplo. A Apple Inc é uma empresa de produtos que produz vários produtos como iPhone, iPad, MacBook, etc. Eles fabricam o produto e mantêm-no em stock, antes da exigência do cliente. Ao mesmo tempo, há uma empresa chamada iCracked que é uma empresa de serviços. Ela repara os produtos de maçã a pedido do cliente. Assim, a Apple Inc é uma empresa de produtos enquanto a iCracked é uma empresa de serviços. Mais alguns exemplos de empresas de serviços são a TCS, Habib saloon, alfaiataria, etc. e alguns exemplos de empresas de produtos são Google, Motorola, Dell, tinytoons, John Miller, Madame, etc.

Assim, em geral, a Organização Baseada no Produto (i) Organização que tem o seu próprio produto para promover / vender (ii) Tem a sua própria equipa de desenvolvimento, e (iii) Funções e tecnologia específicas. Enquanto que a Organização Baseada em Serviços (i) Organização que não tem o seu próprio produto, trabalha para outras organizações / clientes (ii) Tem a sua própria equipa de desenvolvimento (iii) Trabalha para outros / clientes individuais / organizações (iv) As funções não são geralmente específicas, o mesmo acontece com a tecnologia.

Os testes constituem uma parte importante do ciclo de vida do desenvolvimento de software (SDLC). No entanto, a razão pela qual muitas organizações falham é o facto de separarem os testes como uma única unidade - uma fase. Quando os testes são tratados como apenas mais uma "fase", a implementação desta tarefa crítica para o negócio sofre. As organizações tentam fazer todo o tipo de testes e tentam testar o seu produto para todas as áreas possíveis no final do ciclo de desenvolvimento. Isto é naturalmente influenciado pelos prazos iminentes do lançamento do produto, assim como por outras pressões devido às quais os testes não são infalíveis. Um produto que não tenha sido totalmente testado não será, naturalmente, robusto. Haverá sempre uma dúvida quanto à sua segurança, desempenho e funcionalidade. Então o que podem estas organizações fazer para melhorar o seu processo de teste? A resposta é, na verdade, bastante simples.

Em vez de tentar sobrecarregar o testador para testar a exaustividade imediatamente antes do lançamento do produto, planeie as suas actividades relacionadas com o teste. Para garantir um teste melhor e rápido, as coisas devem ser feitas de forma automática. Por isso, as empresas baseadas no produto devem concentrar-se em fazer os testes de uma forma melhor. Neste trabalho, foi feito um esforço para gerar automaticamente os casos de teste para programas que utilizam algoritmos genéticos e também para tornar todo o processo de teste automático, propondo um novo modelo.

1.5 Ensaios evolutivos

Para automatizar testes de software utilizando algoritmos evolutivos, o próprio objectivo do teste deve ser transformado numa tarefa de optimização. É necessária uma representação numérica do objectivo do teste, da qual se pode derivar uma função de adequação adequada para a avaliação dos dados de teste gerados. Dependendo do objectivo do teste, surgem diferentes funções de aptidão para a avaliação dos dados do teste. Se uma função de aptidão adequada puder ser definida para o objectivo do teste, e o cálculo evolutivo for aplicado como técnica de pesquisa, então o Teste Evolutivo procede como se segue.

O conjunto inicial de dados de teste é gerado, geralmente de forma aleatória. Em princípio, se os dados do teste tiverem sido obtidos por um teste sistemático anterior, este poderia também ser utilizado como população inicial, [Wegener et al. (1996)]. O teste evolutivo poderia assim beneficiar dos conhecimentos do testador sobre o sistema em teste. Cada indivíduo dentro da população representa um dado de teste com o qual o sistema em teste é executado. Para cada dado de ensaio, a execução é monitorizada e o valor de aptidão é determinado para o indivíduo correspondente. Em seguida, os dados de ensaio com valores de aptidão elevados são seleccionados com maior probabilidade do que aqueles com um valor inferior e são submetidos a processos de combinação e mutação para gerar novos dados de ensaio da descendência. É importante assegurar que os dados de ensaio gerados se encontram no domínio de entrada do objecto de ensaio. A ideia principal por detrás dos testes evolutivos é a combinação de dados de teste interessantes, de modo a gerar descendentes de dados de teste que cumpram verdadeiramente os objectivos do teste. Os dados de teste da descendência são avaliados através da execução do sistema em teste. Uma nova população de dados de teste é formada pela fusão da descendência e dos indivíduos progenitores, de acordo com os procedimentos de sobrevivência estabelecidos. A partir daqui, o processo repete-se, começando pela selecção até que o objectivo do ensaio seja cumprido ou até que seja alcançada outra determinada condição de paragem.

Os testes evolutivos podem ser resumidos como o seguinte algoritmo:

```
TestCaseGeneration()
        allTargets = alvos(programUnderTest);
        initPop = generateInitialPop(popSize);
        curpop = initpop;
        enquanto não éEmpty(allTargets)
                p = selectTarget(allTargets);
                tentativa = 0;
                enquanto não coberto(p) e tentativas < maxAttempts
                        Executar casos de teste no CurPop;
                        actualizar todos os objectivos;
                        se abrangidos(p)
                                pausa;
                        computar fitness[p] para o testeCasos em curPop
                        extrair o newPop do curPop de acordo com a aptidão [p]
                newpop          crossover;
                        mutate newPop;
                        curPop = newPop;
                        tentativas = tentativas + 1;
                terminar enquanto;
        terminar enquanto;
fim;
```

Resumo

Neste capítulo, foram definidos os testes de software. A importância dos testes de software no desenvolvimento global do software é maior, uma vez que consome o máximo esforço em termos de tempo e custo. A produção manual de casos de teste de acordo com os critérios de adequação leva mais tempo. Por conseguinte, é necessário tornar este processo automático. Há várias técnicas disponíveis para automatizar este processo, como os testes aleatórios, os testes anti-random, etc. Este capítulo também resume vários critérios de adequação para testes de software, bem como como se pode executar os casos de teste gerados no SUT para obter o melhor dos testes de software.

Capítulo 2: INQUÉRITO LITERATIVO

2.1 Economia dos ensaios

Não é possível fazer software de alta qualidade sem testes de alta qualidade. Os testes de software são um obstáculo último ao lançamento final dos produtos de software. Metodologias como a programação extrema têm enfatizado a qualidade do software e à medida que a complexidade de muitos projectos de software cresce, os processos de desenvolvimento de software são forçados a mais testes e garantia de qualidade. Os testes de software são também um factor de custo primário na construção global dos produtos de software. Por um lado, as técnicas de teste baseadas em modelos são novos métodos de teste que visam aumentar a fiabilidade dos produtos de software e diminuir o custo através da geração automática de um conjunto de testes a partir de um modelo comportamental formal de um sistema. Por outro lado, a especificação arquitectónica de um sistema representa um aspecto estrutural e comportamental bruto de um sistema com um elevado nível de abstracção. As especificações arquitectónicas formais de um sistema também têm mostrado promessas de detectar falhas durante o desenvolvimento back-end do software. O desenvolvimento e ensaio de sistemas baseados em software é uma actividade essencial para a indústria automóvel. Sistemas baseados em software com diferentes complexidades e desenvolvidos por vários fornecedores são instalados nos veículos premium actuais, comunicando uns com os outros através de diferentes sistemas de bus. A integração e ensaio de sistemas deste tipo de complexidade é uma tarefa extremamente difícil. O principal objectivo dos testes é detectar falhas nos sistemas em teste e transmitir confiança no correcto funcionamento dos sistemas, caso não sejam encontradas falhas durante os testes completos. As falhas não encontradas nas diferentes fases de ensaio podem ter consequências importantes que vão desde a insatisfação do cliente até à danificação de bens físicos ou, em áreas relevantes para a segurança, até ao perigo de vidas humanas. Por conseguinte, é essencial que os sistemas desenvolvidos sejam exaustivamente testados. Os testes evolutivos tentam melhorar a eficácia e eficiência do processo de teste, transformando os objectivos do teste em problemas de pesquisa, e aplicando cálculos evolutivos para resolver esses problemas [Reza & Lande (2010)]. *"Testar demasiado pouco é um crime - testar demasiado é pecado"*. O risco de estar sob teste é directamente traduzido em defeitos de sistema presentes no ambiente de produção. O risco de sobre-testes é o uso desnecessário de recursos valiosos em sistemas de teste que não têm ou têm muito poucos defeitos.

A maioria dos problemas associados aos testes ocorre por uma das seguintes causas:

a) Falha na definição dos objectivos dos testes,

b) Ensaios na fase errada do ciclo,

c) Utilização de técnicas de ensaio ineficazes.

O principal objectivo dos testes é a entrega de software de qualidade. O custo da qualidade terá três componentes [Humphrey (1997)], nomeadamente o custo do insucesso, o custo da avaliação e o custo da prevenção. Os testes desempenham um papel muito crítico para garantir a qualidade do software. Os testes de software são a técnica mais frequentemente utilizada para demonstrar que o software cumpre a sua tarefa antecipada. No teste do software, verifica-se o resultado real com o resultado esperado. Se ambos forem iguais, então o comportamento do software em condições normais, caso contrário o processo de teste precisa de ser revisto. No teste do software, o software é executado com um conjunto de casos de teste e o comportamento do sistema para os casos de teste é avaliado para resolver se o sistema está a funcionar como esperado. O sucesso dos testes na revelação de erros depende significativamente dos casos de teste. O processo de teste inclui a escolha dos dados de teste do domínio de entrada do programa, a execução do programa nestes dados de teste e a comparação da saída real com a saída esperada. O teste do conjunto completo de entradas forneceria a descrição completa do desempenho e da funcionalidade do programa. O conjunto completo de entradas de um programa é normalmente demasiado grande para que seja impossível testá-lo para todos. Os testadores exaustivos você encontrará mas os testes exaustivos você não encontrará. Assim, o modus operandi do teste razoável do software é optimizar o conjunto de inputs, seleccionando um subconjunto relativamente pequeno, que representará todo o domínio de input e o comportamento esperado do programa neste conjunto de inputs é então utilizado para esperar o seu comportamento em geral. O teste de input deve ser escolhido de modo a que a execução do programa neste conjunto de input exponha cada bit de erros. Assim, qualquer programa que se comporte com precisão para um pequeno conjunto de entradas, comportar-se-á com precisão para qualquer conjunto de entradas em todo o conjunto de entradas. A esmagadora maioria dos programas escritos hoje em dia lidam com dados. Os paradigmas da linguagem de programação exploram o conceito de variáveis. As variáveis têm sido vistas como as principais áreas onde um programa pode ser testado estruturalmente. Numerosas variáveis na fatia do programa podem ser usadas em conjunto para calcular os valores de outras variáveis. As variáveis podem receber os seus valores de outras fontes, como a interacção humana, através de um teclado. Isto aumenta o nível de complexidade e pode resultar em erros nos programas. O valor das variáveis pode ser alterado de uma forma inesperada.

2.2 Fundamentos dos testes de software

O objectivo básico do teste do software é detectar erros que possam estar presentes no programa. Assim, a concentração no teste não deve começar com a intenção de mostrar que um programa funciona perfeitamente, mas sim com a intenção negativa, ou seja, mostrar que um programa não funciona perfeitamente. A causa principal de um mau teste do programa é o facto de a maioria dos programadores começar com a falsa definição do termo. Podem dizer "Testar é o processo de demonstrar que não existem erros no programa" ou "O objectivo de testar é mostrar que um programa executa correctamente a função pretendida" ou "Testar é o processo de estabelecer a confiança de que um programa faz o que é suposto fazer". Estas definições estão de pernas para o ar. Uma definição mais adequada para o teste de software é que "Testar é o processo de executar um programa com a intenção de encontrar erros" [Myers (1979)]. Há duas questões estratégicas fundamentais que os testes de software devem acomodar: uma é o problema de definir quando um caso de teste mostrou um resultado exacto ou mostrou uma falha. Este é conhecido como o problema do oráculo. O outro é o problema de raramente ser prático testar a gama completa de entradas e saídas possíveis para uma determinada aplicação de software do mundo real. A abordagem padrão para este problema de cobertura do âmbito do teste é utilizar algumas técnicas para reduzir a gama de entradas e saídas de casos de teste para um número representativo e controlável. A tarefa desafiante de testar software é utilizar recursos de teste limitados para seleccionar casos de teste que detectem eficazmente falhas.

2.3 Importância dos ensaios

Os testes exaustivos só podem ser realizados através da automatização do processo de teste reclamado [Staknis (1990)]. Os benefícios são a redução no tempo, esforço, mão-de-obra e custo dos testes de software. Os instrumentos de ensaio automatizados consistem, em geral, num *instrumentador*, num *arnês de ensaio* e num *gerador de dados de ensaio*.

Ferramentas de análise estática analisam o software em teste sem executar o código, seja manual ou automaticamente. É uma técnica de análise limitada para programas contendo referências de array, variáveis de ponteiro e outras construções dinâmicas. Experiências mostram que este tipo de avaliação de inspecções de código (inspecções visuais) são muito eficazes em encontrar 30% a 70% dos erros de desenho lógico e de codificação num software típico, [DeMillo et al. (1987)]. A *execução e avaliação simbólica* é uma ferramenta estática típica para a geração de dados de teste.

Muitos geradores automáticos de dados de teste são baseados na execução simbólica, [Howden (1977)], [Ramamoorthy (1976)]. A execução simbólica fornece uma representação funcional do caminho num programa e atribui nomes simbólicos para os valores de entrada e avalia um caminho através da interpretação das afirmações e previsões no caminho em termos desses nomes simbólicos, [King (1976)]. A execução simbólica requer a derivação sistemática destas expressões que requerem um maior esforço computacional. Os valores de todas as variáveis são mantidos como expressões algébricas em termos de nomes simbólicos. O valor de cada variável de programa é determinado em cada nó de um gráfico de fluxo como uma fórmula simbólica (expressão) para a qual o único desconhecido é o valor de entrada do programa. A expressão simbólica de uma variável contém informação suficiente para que, se forem atribuídos valores numéricos aos inputs, possa ser obtido um valor numérico para a variável, a isto se chama avaliação simbólica. As características da execução simbólica são:

- As expressões simbólicas são geradas e mostram os requisitos necessários para executar um determinado caminho ou ramo, [Clarke (1976)]. O resultado da execução simbólica é um conjunto de restrições de igualdade e desigualdade nas variáveis de entrada; estas restrições podem ser lineares ou não lineares e definir um subconjunto do espaço de entrada que conduzirá à execução da trajectória escolhida.

- Se a expressão simbólica puder ser resolvida, então o caminho de teste é viável. E a solução corresponde a um conjunto de dados de entrada que irá executar a trajectória de ensaio. Se não for possível encontrar uma solução, então a trajectória de ensaio é inviável.

- As expressões algébricas manipuladoras são computacionalmente caras, especialmente quando realizadas num grande número de caminhos.

- Problemas comuns são condições de loop dependentes de variáveis, matriz dependente de variáveis de entrada (por vezes o valor só é conhecido durante o tempo de execução) subscrições de referência, chamadas de módulo e apontadores, [Korel (1990)].

- Estes problemas atrasam a aplicação bem sucedida da execução simbólica, especialmente se tiverem de ser combinadas muitas limitações [Coward (1988)] e [Gallagher (1993)].

Alguns erros de programa são facilmente identificados através do exame da saída simbólica de um programa se o programa tiver de calcular uma fórmula matemática. Neste tipo de evento, a saída tem apenas de ser verificada em relação à fórmula para ver se corresponde.

Em contraste com a *análise estática*, as ferramentas de *teste dinâmico* envolvem a execução do software em teste e dependem do feedback do software (obtido por instrumentação) para gerar dados de teste. São tomadas precauções para garantir que estas instruções adicionais não tenham qualquer efeito sobre a lógica do software original. Um representante deste método é descrito por [Gallagher *et al.* (1993)], que utilizaram instrumentação para devolver informação ao sistema de geração de dados de ensaio sobre o estado de várias variáveis, previsões de trajectória e cobertura do ensaio. Uma função de penalização avalia a qualidade dos dados de teste actuais em relação ao predicado do ramo, através de um valor de restrição do predicado do ramo. Existem três tipos de geradores de dados de teste; *pathwise, especificação de dados* e *gerador de dados de teste aleatório.*

O teste aleatório é a técnica mais simples de geração de dados de teste. Pode ser usado para gerar dados para qualquer tipo de programa, uma vez que cada dado é uma seqüência de bits. Mas os testes aleatórios não têm, na sua maioria, um bom desempenho em termos de cobertura, uma vez que dependem apenas da probabilidade. Tem poucas chances de encontrar falhas semanticamente pequenas [Offutt & Hayes (1996)], e assim conseguir uma alta cobertura. Uma falha que só é revelada por uma pequena percentagem da entrada do programa é chamada de falha semanticamente pequena. Por exemplo, no código seguinte:

```
função nula1(int x, int y)

{

    se (x ==y)

                print("ONE");              // declaração 1

    senão

                print("ZERO");             // declaração 2

}
```

A probabilidade de executar *a declaração 1* é 1/n, em que n é o número inteiro máximo, uma vez que para executar a *declaração 1*, tanto x como y devem ser iguais. Assim, os testes aleatórios podem gerar este tipo de dados de teste com muito menor probabilidade.

A distribuição dos dados de entrada seleccionados deve ter a mesma distribuição de probabilidade de entradas que ocorrerão na utilização real (perfil operacional ou distribuição que ocorre durante a utilização real do software) a fim de estimar a fiabilidade operacional [Taylor (1989)], [Ould (1991)] & [Duran (1981)].

"Errar é humano; encontrar o erro rapidamente e corrigi-lo é divino" [Shingo Shigeo (1986)]. Durante qualquer fase do desenvolvimento s/w, as chances de erros serem introduzidos estão em abundância. Assim, surge a necessidade de verificação dos produtos de desenvolvimento S/W. Por isso

a) Os testes S/W são um processo de execução de um programa com a intenção de encontrar erros [Myers (1979)].

b) Um bom caso de teste é aquele em que existe uma elevada probabilidade de se encontrar um erro ainda não descoberto;

c) Um teste bem sucedido é aquele que descobre um erro ainda não descoberto; &

(d) Testar é o processo para provar que o S/W funciona correctamente [Prasad (2006)].

Os testes são feitos porque os programadores são humanos, e humano é errar, este é um facto real no domínio do software e dos sistemas controlados por software. Os erros tendem a propagar-se; um erro de exigência pode ser amplificado durante a concepção e amplificado ainda mais durante o processo de codificação. Uma falha é o resultado de um erro. É mais preciso dizer que uma falha é a representação de um erro, em que a representação é o modo de expressão, tal como texto narrativo, diagrama de fluxo de dados, gráficos hierárquicos e código fonte. Ocorre uma falha quando uma falha é executada. Um incidente é o sintoma associado a uma falha que alerta o utilizador para a ocorrência da mesma. Um teste é o acto de exercer software com casos de teste. O caso de teste ocupa uma posição central no teste [Paul Jorgensen (2010)].

O teste aleatório selecciona aleatoriamente os dados do teste no domínio de entrada e depois testa o programa com estes casos de teste. A produção automática de dados de teste aleatórios, obtidos a partir de uma distribuição uniforme, deve ser o método padrão pelo qual outros sistemas devem ser julgados, [Ince (1987)].

A distribuição dos dados de entrada seleccionados deve ter a mesma distribuição de probabilidade de entrada que ocorrerá na utilização real, a fim de estimar a fiabilidade operacional, [Taylor (1989)].

Não há muita diferença entre testes de partição e testes aleatórios em termos de detecção de falhas, [Hamlet e Taylor (1990)]. Hamlet mostrou que os testes aleatórios são superiores aos testes de partição no que diz respeito ao esforço humano, especialmente com mais partições e se for necessária confiança. Para um pequeno número de sub-domínios, o teste de partição será melhor do que o teste aleatório.

Os geradores de números aleatórios são ineficazes na medida em que raramente fornecem a cobertura necessária do programa, [Deason [1991]].

No entanto, muitos erros são fáceis de encontrar, mas o problema é determinar se um teste falhou. Por conseguinte, a verificação automática dos resultados é essencial para a realização de um grande número de testes. [Duran e Ntafos (1984) e Duran (1981)] afirmaram também que os ensaios de partição são mais dispendiosos do que a realização de um número equivalente de ensaios aleatórios, o que é mais rentável porque exige apenas um gerador de números aleatórios e uma pequena quantidade de suporte de software.

A mudança de gama para testes aleatórios tem um grande efeito, [Duran e Ntafos [1984]]. Além disso, mencionaram uma desvantagem dos testes aleatórios que consiste em satisfazer valores de igualdade que são difíceis de gerar de forma aleatória.

A vantagem dos testes aleatórios é normalmente que é mais stressante para o programa em teste do que os dados de testes seleccionados manualmente, mas por outro lado, os inputs aleatórios podem nunca exercer ambos os ramos de um predicado que testa a igualdade, [Moranda [1978], Bertolino [1991]]. Mesmo no caso dos testes aleatórios serem mais baratos do que os testes de partição, a ligeira vantagem dos testes aleatórios poderia ser compensada pela utilização de mais testes aleatórios e não há garantias de que se possa obter uma cobertura total, por exemplo, se for necessária a igualdade entre as variáveis. Em segundo lugar, pode significar o exame dos resultados de milhares de testes.

Os testes aleatórios foram especialmente recomendados para a fase final de teste do software [Tsoukalas (1993)] e [Girard e Rault (1973)].

Recomenda-se um teste final misto, começando com testes aleatórios, seguido de um método de teste de valor especial (para lidar com casos excepcionais) [Duran e Ntafos (1984)]. Ince informou que o teste aleatório é um método relativamente barato de gerar dados de teste inicial.

2.4 Desafios dos testes e da depuração

Raciocinar sobre a qualidade global de um sistema pode ser difícil. Suponhamos que um sistema aceita alguns dados de valor A, e que o perfil do utilizador para este sistema especifica que é provável que o utilizador utilize valores na gama $10 < A < 90$. O processo de ensaio pode gerar dois casos de ensaio que especifiquem A como 20 e 80.

Se ambos os casos de teste forem aprovados, não é necessariamente verdade que os casos de teste serão aprovados para todos os valores de A. Do mesmo modo, se ambos os casos de teste falharem, não é necessariamente verdade que os casos de teste falharão para todos os valores de A. Testes adicionais utilizando casos de teste semelhantes, mas diferentes, para identificar com maior precisão os cenários de utilização que induzem falhas e os cenários que não induzem falhas podem ser necessários para apoiar o raciocínio sobre a qualidade global do produto de software. Além disso, na situação em que são observadas falhas durante os testes do sistema, podem ser necessários mais testes para determinar com precisão a natureza e a localização do(s) erro(s) que causaram as falhas, para que os programadores possam encontrar e corrigir o erro. Este processo de find-and-fix é referido como "debugging". De acordo com [Myers (1979)], "de todas as actividades de desenvolvimento de software, a depuração é a actividade mais mentalmente tributária". Esta afirmação é frequentemente verdadeira hoje em dia e pode ser a fonte de problemas de qualidade de software. Os casos de teste que revelam falhas são frequentemente diferentes uns dos outros, os resultados dos testes fornecem frequentemente poucas informações sobre a causa da falha e se um cenário semelhante falharia de forma semelhante. Sem informação adicional, e com recursos de desenvolvimento limitados, os programadores podem ser tentados a aplicar uma pequena correcção ao software para contornar a falha, em vez de efectuarem as análises necessárias para apoiar a compreensão e correcção completas dos problemas que causaram as falhas. Existe frequentemente uma mentalidade competitiva de "programadores versus testadores" durante os testes. Uma vez que a depuração exige informações adicionais sobre a utilização do sistema e a realização de testes adicionais, uma vez que as falhas ocorrem e o sistema deve ser corrigido, esta mentalidade deve transitar para "desenvolvedores *e* testadores versus o sistema" para facilitar o esforço de depuração. Os desenvolvedores precisam frequentemente do apoio dos testadores durante a depuração porque os desenvolvedores podem não ter os recursos de teste necessários para fazer testes adicionais ao nível do sistema, ou informações adicionais relativas à utilização do sistema. Como descrito por [Zeller (2001)], "Testar é outra forma de reunir conhecimentos sobre um programa porque ajuda a eliminar as circunstâncias que não são relevantes para uma determinada falha. Se o teste revelar que apenas três das 25 ações do usuário são relevantes, por exemplo, pode-se focar sua busca pela causa raiz da falha nas partes do programa associadas a essas três ações. É possível automatizar o processo de pesquisa, tanto melhor". Esta descrição é consistente com a abordagem de depuração por indução frequentemente utilizada, descrita por [Myers (1979)]. A abordagem de indução começa por localizar todas as provas relevantes relativas ao desempenho correcto e incorrecto do sistema. Como referido por [Myers (1979)], *"pistas valiosas são fornecidas por casos de teste semelhantes, mas diferentes, que não provocam o aparecimento dos sintomas".*

Também é útil identificar casos de teste semelhantes, mas diferentes, que provocam o aparecimento dos sintomas.

2.5 Optimização dos casos de teste

O teste de software é a técnica mais comumente utilizada para demonstrar que o software cumpre a sua tarefa antecipada. O processo de teste inclui a escolha dos dados de teste do domínio de entrada do programa, a execução do programa nestes dados de teste e a comparação da saída real com a saída esperada. O teste do conjunto completo de entradas forneceria a descrição completa do desempenho e da funcionalidade do programa. O conjunto completo de entradas de um programa é normalmente demasiado grande para que seja impossível testá-lo para todos. Os testadores exaustivos você encontrará mas os testes exaustivos você não encontrará. Assim, o modus operandi do teste razoável do software é optimizar o conjunto de inputs, seleccionando um subconjunto relativamente pequeno, que representará todo o domínio de input e o comportamento esperado do programa neste conjunto de inputs é então utilizado para esperar o seu comportamento em geral. O teste de input deve ser escolhido de modo a que a execução do programa neste conjunto de input exponha cada bit de erros. Assim, qualquer programa que se comporte com precisão para um pequeno conjunto de entradas, comportar-se-á com precisão para qualquer conjunto de entradas em todo o conjunto de entradas.

A esmagadora maioria dos programas escritos hoje em dia trata de dados. Os paradigmas da linguagem de programação exploram o conceito de variáveis. As variáveis têm sido vistas como as principais áreas onde um programa pode ser testado estruturalmente. Numerosas variáveis na fatia do programa podem ser usadas em conjunto para calcular os valores de outras variáveis. As variáveis podem receber os seus valores de outras fontes, como a interacção humana, através de um teclado. Isto aumenta o nível de complexidade e pode resultar em erros nos programas. O valor das variáveis pode ser alterado de uma forma inesperada.

2.6 Algoritmos Genéticos

Um algoritmo genético é uma forma de evolução que ocorre num computador. São métodos de pesquisa que podem ser utilizados tanto para resolver problemas como para modelar sistemas evolutivos. A teoria da evolução darwiniana retrata os sistemas biológicos como o produto do processo em curso de selecção natural. Do mesmo modo, os algoritmos genéticos permitem aos engenheiros utilizar um computador para evoluir soluções ao longo do tempo, em vez de as conceberem à mão. Forrest explicou primeiro o funcionamento do algoritmo genético e depois discutiu a sua aplicação como solucionador de problemas e para fazer modelos [Forrest 1993]. Com várias técnicas de cartografia e uma medida adequada da aptidão física, um algoritmo genético pode ser adaptado para evoluir uma solução para muitos tipos de problemas, incluindo a optimização de uma função ou a determinação da ordem correcta de uma sequência. Ela discutiu a utilização de algoritmos genéticos na modelação de sistemas ecológicos, sistemas imunitários e sistemas sociais. A análise matemática dos algoritmos genéticos utilizando o teorema do esquema holandês e a hipótese dos blocos de construção também foi discutida no artigo.

David Goldberg explicou os algoritmos genéticos e os algoritmos evolutivos como uma família de métodos computacionais na Evolução Darwiniana. Os algoritmos genéticos são procedimentos de pesquisa baseados na selecção natural e genética. Um algoritmo genético simples consiste na selecção, cruzamento e mutação. A selecção é a sobrevivência do teste de aptidão dentro do algoritmo genético. A noção chave da selecção é dar preferência a melhores indivíduos. A metodologia de concepção do algoritmo genético baseia-se fortemente na noção de esquemas e blocos de construção dos Países Baixos. Ele sublinhou que os algoritmos genéticos são mais adequados para uma vasta gama de aplicações, porque podem resolver problemas difíceis de forma rápida e fiável. Os algoritmos genéticos são extensíveis, fáceis de hibridizar e de interface com simulações e modelos existentes [Goldberg (1994)].

Goldberg também reviu os elementos dos algoritmos genéticos e descreveu a mecânica dos algoritmos genéticos no seu trabalho [Goldberg 2000]. Desenvolveu a intuição fundamental dos algoritmos genéticos ou da intuição da inovação. De acordo com ele,

Selecção + Mutação = Melhoria Contínua

Selecção + Recombinação = Inovação

Discutiu também as lições técnicas de concepção de algoritmos genéticos. A ideia principal da teoria do algoritmo genético selecto-recombinativo é que os algoritmos genéticos funcionam através de um mecanismo de quase-decomposição e recomposição. Os algoritmos genéticos identificam implicitamente blocos ou subconjuntos de construção de boas soluções e recombinam diferentes subconjuntos para formar soluções de muito alto desempenho. Sugeriram que a investigação em algoritmos genéticos está a mudar profundamente. A investigação em algoritmos genéticos ajuda-nos a identificar quantitativamente algumas das diferentes facetas da inovação. O algoritmo genético ensina-nos a respeitar a geração de um indivíduo excepcional. A investigação em algoritmos genéticos ensina-nos que a criatividade essencialmente facilita problemas difíceis, tornando directa ou indirectamente os blocos de construção necessários para resolver o problema mais acessíveis à pesquisa.

Mitchell *et al.* analisaram dois algoritmos - RMHC e IGA para identificar os princípios gerais de quando e como um algoritmo genético irá superar a escalada de colinas [Mitchell *et al.* 1994]. Foi realizada uma análise experimental na paisagem da Estrada Real. O RHMC foi analisado em relação ao R1. O algoritmo genético provou ser rápido devido ao paralelismo implícito. O IGA também implementa perfeitamente o paralelismo implícito. O tempo esperado para o IGA é da ordem de 2K log N e para o RHMC é da ordem de 2K N log N. O RHMC é mais lento que o IGA. A análise foi ainda levada a cabo no Royal road landscape R4 modificado para compreender como funciona o algoritmo genético em geral e onde será mais útil.

Melanie Mitchell explicou o termo Computação biológica e a sua relação com a biologia computacional e a computação de inspiração biológica [Mitchell 2011]. Comparou então a computação biológica com a computação tradicional. No caso dos computadores tradicionais, o processamento da informação é centralizado e realizado pela CPU. A Computação Tradicional requer sincronização em muitos aspectos do seu processamento. Os sistemas informáticos tradicionais requerem componentes fiáveis com probabilidades de erro muito baixas. Na Computação Biológica, o processamento da informação é maciçamente paralelo, estocástico, inexacto e contínuo sem a noção limpa de um mapeamento entre entradas e saídas. Os sistemas biológicos funcionam com componentes assíncronos. Os sistemas biológicos funcionam com componentes não fiáveis que estão sujeitos a falhas frequentes. Na informática tradicional, a computação universal e a programabilidade são fundamentais, enquanto que a relevância destes conceitos para a computação biológica não é clara. Mitchell também analisou a questão - *"Será a computação uma Ciência Natural? "*

Korf e Reid analisaram a complexidade temporal assimptótica dos algoritmos de pesquisa heurística admissíveis, tais como A*, IDA* e profundidade de primeiro ramo e limite. A complexidade temporal destes algoritmos depende principalmente da qualidade da função heurística [Kork *et al.* 1998]. Korf e Reid caracterizaram a função heurística simplesmente pela distribuição dos valores heurísticos no espaço do problema. A análise experimental foi realizada no cubo de Rubik, Eight Puzzle, Fifteen Puzzle. A análise mostrou que o factor de ramificação heurística assimptótica é o mesmo que o factor de ramificação da força bruta e o efeito de uma função heurística é reduzir a profundidade efectiva da procura e não o factor de ramificação efectiva. A análise assimptótica foi apresentada para o problema de tamanho fixo, uma vez que o comprimento da solução se torna grande e fornece excelentes previsões a profundidades de solução típicas.

Meng *et al.* estudaram várias técnicas de codificação em algoritmos genéticos e apresentam uma condição de convergência suficiente sobre a codificação genética em algoritmos genéticos [Meng *et al.* 1999]. Identificaram novas categorias de códigos como o código uniforme, o código de polarização, o código trissectorial e o código simétrico e aplicaram-nos às técnicas genéticas clássicas. Os resultados da simulação mostraram que os algoritmos genéticos com códigos específicos podem encontrar soluções com melhor qualidade em menos tempo do que os algoritmos genéticos clássicos. Concluíram também que existe uma influência significativa das técnicas de codificação no desempenho dos algoritmos genéticos na resolução de problemas com grande complexidade de algoritmos.

O hardware evolutivo está a chegar à área de aplicação, pelo que a síntese de circuitos electrónicos analógicos e digitais através de algoritmos evolutivos está a ganhar atenção nas investigações actuais. Na síntese de circuitos, os cromossomas representam um circuito e cada um dos seus genes descreve a componente do circuito. Mesquita *et al.* propuseram a representação da matriz adjacente dos cromossomas em circuitos em evolução. A representação da matriz de adjacência reduz a geração de circuitos anómalos ao contrário da anterior matriz de Incidência, aumentando assim a eficiência do processo global [Mesquita *et al.* 2002]. Testaram a codificação proposta para cromossomas de tamanho variável - a sua concatenação e cascata. A matriz de Adjacency assumiu um gráfico sem ramos paralelos, impedindo assim a representação explícita de elementos individuais do circuito.

Existe um grande número de problemas de programação no domínio dos problemas de optimização. É construído um calendário de tal forma que algumas medidas são reduzidas. Normalmente, os problemas de programação de horários são modelados como um gráfico. Revendo os prós e os contras de esquemas de representação anteriores para problemas de calendarização, Fenton e Walsh declararam que a representação por permutação repetida tem um elevado volume de redundância, mas é útil e robusta [Fenton *et al.* 2005]. Introduziram uma variedade de operadores genéticos para a repetição da representação por permutação, como GMOX, GPX, GUX, PPX, PBM, SBM e OBM. Testaram estes operadores utilizando GALIB. Em todos os ensaios, o GMOX teve um desempenho superior ao de outros operadores. O cálculo morfogénico produziu melhores resultados e melhorou a evolução do algoritmo genético.

Algoritmo genético com diferenciação cromossómica (GACD): A natureza geralmente diferencia os indivíduos da espécie em mais de uma classe. A prevalência da diferenciação indica uma vantagem associada que parece estar em termos de cooperação entre dois indivíduos diferentes que podem ao mesmo tempo especializar-se nos próprios campos [Sivaraj *et al.* 2011]. O GACD incorpora a diferenciação cromossómica para o processo evolutivo. Os cromossomas são distinguidos em duas categorias de população ao longo das gerações com base no valor contido nos dois bits de classe. Estes são inicialmente gerados com base na distância máxima de hamming entre eles. O cruzamento (acasalamento) só é permitido entre indivíduos pertencentes a estas categorias [Bandyopadhyay *et al.* 1998]. A análise teórica mostra que o princípio básico dos algoritmos genéticos é válido também para o GACD; acima da média, esquemas curtos e de baixa ordem receberão um número crescente de ensaios nas gerações seguintes. Está provado que, em muitos casos, o limite inferior do número de casos de um esquema h amostrado pelo GACD é maior ou igual ao da CGA. Por este motivo, o GACD está mais apto a explorar a informação obtida até à data. Mais uma vez, inicializando as populações M e F de forma a maximizar a distância de encadeamento entre elas e permitindo o acasalamento entre indivíduos destas duas populações diferentes, aumenta a capacidade de exploração do GACD. Assim, o GACD parece conseguir um melhor equilíbrio entre exploração e exploração, o que é crucial para qualquer técnica de optimização adaptativa, dando-lhe assim uma vantagem sobre o Algoritmo Genético convencional.

Em 1993, De Jong e Sarma apresentaram evidências empíricas adicionais e sugeriram métodos alternativos de eliminação para reduzir a variância [De Jong *et al.* 1993]. Cobb & Grefenstette compararam três estratégias diferentes e modificaram o algoritmo genético padrão de forma a torná-lo mais aplicável a ambientes em rápida mudança [Cobb et *al. 1993*]. Uma etapa de hiper mutação parcial foi introduzida após a mutação que substituiu uma percentagem da população por indivíduos gerados aleatoriamente. A percentagem substituída foi denominada taxa de substituição. A fim de medir o efeito da taxa de substituição, foram considerados 23 algoritmos genéticos modificados em funções de teste não estacionárias, com percentagem variável da população. As experiências mostraram que uma substituição aleatória de 10% e 30% da população permitia um melhor rastreio. 50 % de substituição mostrou uma exploração aleatória excessiva.

DeJong foi o primeiro a avaliar empiricamente o desempenho dos algoritmos genéticos com sobreposição de populações. DeJong também afirmou o conceito de aglomeração que segue o algoritmo genético simples, excepto que apenas uma fracção da população se reproduz e morre a cada geração [De Jong 1975]. Ele introduziu a diferença de gerações G como parâmetro do algoritmo genético, em que uma percentagem da população é escolhida através da selecção proporcional à aptidão para ser submetida a cruzamento e mutação e os indivíduos G x n da população são escolhidos para morrer. Ele descobriu que em valores baixos de G, o algoritmo tinha perdas graves de alelos, também conhecidos como deriva genética, e resultava num mau desempenho na busca.

A evolução é o princípio básico da vida. É um fenómeno colectivo de adaptação ao ambiente e de sobrevivência nas gerações vindouras [Ridley (1996)]. Uma vez que a população de organismos está em constante evolução, a proporção de diferentes tipos genéticos nos organismos está também a mudar e são criados novos tipos.

Os algoritmos genéticos (AG) fazem parte da computação evolutiva, que é uma área de inteligência artificial em rápido crescimento. A ideia da computação evolutiva foi introduzida nos anos 60 por I. Rechenberg no seu trabalho *Estratégias de evolução*. A sua ideia foi então desenvolvida por outros investigadores. Algoritmo Genético é baseado na teoria da evolução de Charles Darwin que descreve o princípio da selecção natural "Survival of Fittest". O Algoritmo Genético imita o processo de evolução e segue o processo de selecção natural. Neste processo de imitação, o Algoritmo Genético permite que populações de soluções potenciais morram ou se reproduzam com variações gradualmente se adaptando ao seu ambiente. O Algoritmo Genético é a técnica mais popular na literatura para resolver os complexos problemas de optimização que são NP na natureza.

As ideias de Darwin sobre os princípios da vida podem ser resumidas pelos três princípios básicos seguintes:

- Existe uma população de indivíduos com diferentes propriedades e capacidades. Existe um limite máximo para o número de indivíduos de uma população.

- A natureza cria novos indivíduos com propriedades semelhantes às dos indivíduos existentes.

- Os indivíduos promissores são seleccionados com mais frequência para reprodução por selecção natural.

Darwin descreveu a ideia da selecção natural como a base da evolução biológica na sua investigação "Origem das Espécies" em 1859 e poucas linhas descrevendo o facto a partir do seu trabalho são reproduzidas.

> *"Devido a esta luta pela vida, as variações, por menores que sejam e por qualquer causa, se forem em algum grau rentáveis para os indivíduos de uma espécie, nas suas relações infinitamente complexas com outros seres orgânicos e nas suas condições físicas de vida, tenderão para a preservação desses indivíduos, e serão geralmente herdadas pela descendência. A descendência terá, assim, melhores hipóteses de sobrevivência para os muitos indivíduos de qualquer espécie que nascem periodicamente, mas um pequeno número pode sobreviver.*

Chamei a este princípio, pelo qual cada ligeira variação, se útil, é preservada, pelo termo "Selecção Natural". Darwin 1859].

Os algoritmos genéticos representam uma classe de técnicas e procedimentos de busca adaptativa baseados na mecânica da genética natural e no princípio de Darwin da sobrevivência do mais apto. O Algoritmo Genético é um modelo informático de evolução biológica. O Algoritmo Genético foi desenvolvido por John Holland na Universidade de Michigan em 1975 [Holland (1975)]. Estes são algoritmos de pesquisa heurística adaptativa [Goldberg (1989)], parte do Algoritmo Evolucionário baseado em modelos computacionais inspirados na evolução. Quando o Algoritmo Genético é usado para resolver problemas de optimização, bons resultados são obtidos de forma surpreendentemente rápida. Um heurístico é parte de um algoritmo de optimização que utiliza a informação actualmente recolhida pelo algoritmo para ajudar a decidir qual o próximo candidato a solução a testar, ou como o próximo indivíduo pode ser produzido [Thomas (2007)]. Algoritmos genéticos são guiados por pesquisa aleatória e a técnica de optimização mais popular entre os algoritmos evolutivos para problemas de optimização multi-objectivo. Os algoritmos genéticos foram considerados capazes de encontrar soluções para uma grande variedade de problemas para os quais não existem soluções algorítmicas aceitáveis. O Algoritmo Genético tem sido utilizado para resolver vários problemas NP Completo [Vijay Lakshmi & Radha Krishnan 2007]. O Algoritmo Genético tenta chegar a soluções óptimas através de um processo semelhante ao da evolução biológica. Para utilizar um algoritmo genético, é necessário representar a solução do problema como um *genoma* (ou *cromossoma*). O algoritmo genético cria então uma população de soluções e aplica operadores genéticos como a mutação e o cruzamento para evoluir as soluções de modo a encontrar a melhor. Estes operam numa população de soluções potenciais, aplicando o princípio da sobrevivência do mais apto a gerar melhores estimativas para uma solução. Em cada geração, é criado um novo conjunto de aproximações através do processo de selecção dos indivíduos de acordo com o seu nível de aptidão e de os reproduzir em conjunto, utilizando operadores genéticos inspirados na genética natural. Este processo conduz à evolução de populações melhores do que as anteriores [Eiben & Smith (2003), Michalewicz (1996)]. O Algoritmo Genético consiste num processo iterativo que evolui um conjunto de indivíduos chamado população para uma função objectiva, ou função de aptidão [Goldberg (1989), Whitley (1994)]. Os algoritmos genéticos são tipicamente implementados utilizando simulações informáticas em que é especificado um problema de optimização.

As CG têm sido aplicadas com sucesso numa vasta gama de aplicações, [Haupt & Haupt (1998)], [Chambers (2000)], [Karr & Freeman (1999)] incluindo optimização, programação e problemas de design. As principais características que distinguem as AG de outros métodos de pesquisa populares incluem:

* Uma *população de indivíduos:* Cada indivíduo representa uma solução potencial para o problema a ser resolvido.

* Uma *função de adequação:* Avalia a utilidade de cada indivíduo como uma solução.

* Uma *função de selecção:* Seleciona os indivíduos para reprodução com base na sua aptidão.

* *Operadores genéticos idealizados:* Estes alteram indivíduos seleccionados para criar novos indivíduos para novos testes. Estes operadores, nomeadamente o crossover e a mutação, tentam explorar o espaço de pesquisa sem perder completamente a informação já encontrada.

2.6.1 Antecedentes

A ideia de utilizar os princípios da evolução natural para a resolução de problemas remonta ao final dos anos 40, foi durante os anos 60 que surgiram os primeiros algoritmos evolutivos, as Estratégias de Evolução (ES) e a Programação Evolutiva (PE) [Eiben & Smith (2003)]. Juntamente com o Algoritmo Genético e a Programação Genética (GP) [Koza (1992)], eles constituem os quatro ramos principais das EAs. Todas estas abordagens funcionam com base num conjunto de soluções candidatas. Utilizando fortes simplificações, este conjunto é posteriormente modificado pelos dois princípios básicos da evolução: selecção e variação [Back, Hammel, & Schwefel (1997)]. A selecção representa a competição por recursos entre seres vivos. Alguns são melhores do que outros e mais propensos a sobreviver e a reproduzir a sua informação genética. A ideia principal por detrás das AAs é fazer evoluir uma população de indivíduos (candidatos a soluções para o problema) através da competição, acasalamento e mutação, de modo a que a qualidade média da população seja sistematicamente aumentada na direcção da solução do problema em questão. O processo evolutivo das soluções candidatas é estocástico e "orientado" pelo estabelecimento de parâmetros ajustáveis [Eiben & Smith (2003)]. Em analogia com um ecossistema natural, numa EA coexistem e competem diferentes organismos (soluções). Os mais adaptados ao espaço de desenho serão mais propensos a reproduzir-se e gerar descendentes. Por outro lado, os piores indivíduos terão menos ou nenhuma descendência. Num problema de optimização, a aptidão de cada indivíduo é proporcional ao valor da função objectivo, também chamada função de aptidão. Genetic Algorithms, pioneiro por John Holland; Universidade de Michigan na década de 1970 e popularizado no final da década de 1980. A ideia baseia-se puramente na evolução darwiniana. Pode ser usada para resolver uma variedade de problemas que não são fáceis de resolver usando outras técnicas. O Algoritmo Genético usa o operador de crossover e mutação para resolver problemas de optimização usando a sobrevivência da ideia mais adequada. É uma técnica de pesquisa utilizada em computação para encontrar soluções exactas ou aproximadas para problemas de optimização e pesquisa. Os Algoritmos Genéticos são categorizados como heurísticos de pesquisa global. Os algoritmos genéticos são uma classe particular de algoritmos evolutivos (também conhecidos como computação evolutiva) que utilizam técnicas inspiradas na biologia evolutiva, tais como herança, mutação, selecção e crossover. Esta técnica pode ser aplicada a vários problemas, incluindo os que são NP-duros. A técnica não garante uma solução óptima, no entanto, normalmente dá boas aproximações num período de tempo razoável. Na natureza, os indivíduos mais aptos são os mais susceptíveis de sobreviver e acasalar; por conseguinte, a geração seguinte deve ser mais apta e mais saudável porque foram criados a partir de pais saudáveis. Esta mesma ideia é aplicada a um problema, primeiro "adivinhando" soluções e depois combinando as soluções mais adequadas para criar uma nova geração de soluções, que deverá ser melhor do que a geração anterior. O Algoritmo Genético funciona sobre uma série de dígitos chamados cromossomas [Berndt et al. (2003)], cada dígito que compõe o cromossoma é chamado gene, e uma coleção de tais cromossomas compõe uma população. Cada um tem um valor de fitness associado a ele, e este valor de fitness determina a probabilidade de sobrevivência de um indivíduo à geração seguinte. Após a criação da geração seguinte, uma percentagem dos cromossomas é cruzada e pequena. Os elementos de mutação aleatória são utilizados para explicar o "percalço" ocasional na natureza. Um problema é maximizar uma função do tipo $f(x1, x2,.... xm)$ onde $(x1, x2, ..., xm)$ são variáveis que têm de ser ajustadas para um óptimo global.

Três operadores de base responsáveis pelo Algoritmo Genético são

(a) Selecção,

b) Crossover

c) Mutação.

O principal operador genético é um operador cruzado que efectua a recombinação de diferentes soluções para garantir que a informação genética da vida de uma criança seja composta pelos genes de cada progenitor. A vantagem das AG é o facto de serem adaptáveis. Os Algoritmos Genéticos podem ser diferenciados das técnicas mais convencionais, uma vez que

a) As AG utilizam uma representação para a população da amostra,

(b) As AG manipulam directamente a representação codificada das variáveis, em vez de manipularem as próprias variáveis,

c) As AC utilizam operadores estocásticos e não deterministas,

d) As ACs procuram cegamente por amostragem e ignoram todas as informações, excepto o resultado da amostra,

e) Procura de AC a partir de uma população de pontos e não a partir de um único ponto, reduzindo assim a probabilidade de ficar preso a um óptimo local, o que os torna adequados para processamento paralelo.

Em algoritmos evolutivos, a selecção natural é simulada por um processo de selecção estocástica. Cada solução tem a possibilidade de se reproduzir um determinado número de vezes, dependendo da sua qualidade. Desta forma, a qualidade é avaliada através da avaliação dos indivíduos e da atribuição de valores de aptidão escalar. O outro princípio, a variação, imita a capacidade natural de criar "novos" seres vivos por meio da recombinação e mutação. Embora os princípios subjacentes sejam simples, estes algoritmos provaram ser um mecanismo de busca geral, robusto e poderoso. Além disso, os EAs parecem ser especialmente adequados para a optimização multi-objectivos porque são capazes de capturar múltiplas soluções Pareto-óptimas numa única simulação e podem explorar semelhanças de soluções através da recombinação. Alguns investigadores sugerem que a pesquisa e optimização multiobjectivo pode ser uma área problemática em que as avaliações ambientais são melhores do que outras estratégias de pesquisa cegas.

Existem muitos métodos de optimização que têm sido desenvolvidos na investigação matemática e operacional. Os algoritmos genéticos são frequentemente descritos como um método de pesquisa global que não utiliza informação de gradiente. Alguns blocos de construção de evolução natural são definidos como:

Cromossoma

Um cromossoma é um longo e complicado fio de ADN (ácido desoxirribonucleico). Ocorre uma alteração nos cromossomas durante a reprodução. Os cromossomas das trocas de genes dos progenitores ocorrem aleatoriamente através de um processo chamado "crossover". Por conseguinte, a descendência apresenta alguns traços do pai e alguns traços da mãe. Um processo mais raro, chamado mutação, também altera alguns traços.

Representação dos Cromossomas

Para simular o processo de selecção natural num computador, é necessário definir uma representação de uma solução/cromossoma individual. Tal como um cromossoma, a estrutura genética de um indivíduo é descrita através de um alfabeto fixo e finito. Nas CG básicas, o alfabeto 0, 1 é normalmente utilizado. Dependendo do problema, podem também ser tomadas outras representações específicas adequadas ao problema.

Selecção Natural

Na natureza, o indivíduo que tiver melhores características de sobrevivência sobreviverá durante um período de tempo mais longo. Isto, por sua vez, proporciona-lhe uma melhor oportunidade de produzir descendentes com o seu material genético. Assim, após um longo período de tempo, toda a população será constituída por muitos genes dos indivíduos superiores e menos dos indivíduos inferiores. Em certo sentido, os mais aptos sobreviveram e os inaptos morreram. Esta força da natureza é chamada selecção natural.

2.6.2 O princípio do Algoritmo Genético

As implementações práticas/simuladas de ACs são normalmente aplicadas a uma variedade de problemas que envolvem pesquisa e optimização. Os métodos de pesquisa de Algoritmos Genéticos estão enraizados nos mecanismos da evolução e da genética natural. O Algoritmo Genético retira estímulos dos processos naturais de busca e selecção que conduzem à sobrevivência dos indivíduos mais aptos. O Algoritmo Genético gera uma sequência de populações usando um mecanismo de selecção, e usa o cruzamento e a mutação como mecanismos de busca [Srinivas & Patnaik (1994)]. O princípio subjacente às AG é que elas criam e mantêm uma população de indivíduos representados por cromossomas. Os cromossomas são essencialmente uma cadeia de caracteres análoga aos cromossomas que aparecem no ADN. Estes cromossomas são tipicamente soluções codificadas para um problema. Os cromossomas são então submetidos a um processo de evolução de acordo com regras de selecção, reprodução e mutação. Cada indivíduo no ambiente (representado por um cromossoma) recebe uma medida da sua aptidão no ambiente. A reprodução selecciona indivíduos com elevados valores de aptidão na população e, através do cruzamento e da mutação desses indivíduos, é derivada uma nova população na qual os indivíduos podem estar ainda mais bem adaptados ao seu ambiente. O processo de cruzamento envolve dois cromossomas que trocam pedaços de dados e é análogo ao processo de reprodução sexual. A mutação introduz ligeiras alterações numa pequena proporção da população e é representativa de um passo evolutivo. A estrutura básica de um Algoritmo Genético simples é apresentada abaixo.

```
Algoritmo_Genético_básico()
{
        Inicializar a população;
        Avaliar a população;
        Embora o critério termination_critério não tenha sido atingido
        {
                Seleccione soluções para a próxima população;
                Efectuar o crossover
                Efectuar a mutação;
                Substituir a população;
        }
}
```

O algoritmo irá iterar até que a população tenha evoluído para formar uma solução para o problema, ou até que um número máximo de iterações tenha tido lugar.

Algoritmos Genéticos são algoritmos de pesquisa que se baseiam em conceitos de selecção natural e genética natural. O algoritmo genético foi desenvolvido para simular alguns dos processos observados na evolução natural, um processo que funciona em cromossomas. O conceito mais básico é que os fortes tendem a adaptar-se e a sobreviver enquanto os fracos tendem a morrer. O Algoritmo Genético difere de outros métodos de pesquisa de uma forma que procura entre uma população de pontos, e trabalha com uma codificação do conjunto de parâmetros, em vez dos valores dos parâmetros. Utiliza também informação de função objectiva sem qualquer informação de gradiente. O esquema de transição do algoritmo genético é probabilístico, enquanto que os métodos tradicionais utilizam informação de gradiente. Devido a estas características do algoritmo genético, são utilizados como algoritmo de optimização de uso geral. Também fornecem meios para procurar espaços irregulares e, portanto, são aplicados a uma variedade de aplicações de optimização de funções, estimativa de parâmetros e aprendizagem de máquinas. Algoritmo Genético é uma técnica de pesquisa robusta. Produzirá resultados "próximos" dos óptimos num período de tempo "razoável" e é adequado para processamento paralelo. Ele pode usar uma função de aptidão ruidosa e simples de desenvolver. O Algoritmo Genético é cego sem a função de aptidão física. A função de aptidão física conduz a população para soluções melhores e é a parte mais importante do algoritmo. Probabilidade e aleatoriedade são partes essenciais do Algoritmo Genético.

A metodologia do Algoritmo Genético é particularmente adequada para a *optimização*, uma técnica de resolução de problemas em que uma ou mais soluções muito boas são procuradas num espaço de solução constituído por um grande número de soluções possíveis. O Algoritmo Genético reduz o espaço de pesquisa através da avaliação contínua da actual geração de soluções candidatas, descartando as classificadas como pobres, e produzindo uma nova geração através do cruzamento e da mutação das classificadas como boas. A classificação das soluções candidatas é feita utilizando alguma medida pré-determinada de bondade ou aptidão.

As soluções de um problema específico que deve ser optimizado são codificadas numa estrutura de dados cromossómica simples. A menor unidade de um algoritmo genético é chamada *gene*, que representa uma unidade de informação no domínio do problema [Goldberg (1994)]. Uma série de genes, conhecida como um *cromossoma*, representa uma solução possível para o problema. Cada gene do cromossoma representa um componente do padrão de solução. O Algoritmo Genético cria uma população inicial de soluções viáveis. A cada cromossoma é dada uma medida de adequação através de uma função de adequação (avaliação ou objectivo). A adequação de um cromossoma determina a sua capacidade de sobrevivência e de produção de descendentes. O algoritmo genético utiliza regras probabilísticas para fazer evoluir uma população de uma geração para a seguinte. O ciclo evolutivo começa com uma população inicial seleccionada de forma aleatória. As mudanças na população ocorrem através dos processos de selecção baseados na aptidão, e alteração utilizando o cruzamento e a mutação. A aplicação da selecção e alteração leva a uma população com uma maior proporção de melhores soluções. O ciclo evolutivo continua até ser encontrada uma solução aceitável na geração actual da população, ou até ser ultrapassado algum parâmetro de controlo, como o número de gerações. As gerações das novas soluções são desenvolvidas através do acompanhamento dos operadores de recombinação genética:

Selecção: Equivale à sobrevivência do mais apto;

Crossover: Representa o acasalamento entre indivíduos;

Mutação: Introduz modificações aleatórias;

Operador de Selecção

- Ideia chave: Dá preferência a indivíduos melhores, permitindo-lhes transmitir os seus genes à geração seguinte.

- A bondade de cada indivíduo depende da sua aptidão.

- A aptidão pode ser determinada por uma função objectiva ou por um julgamento subjectivo.

Crossover Operador

- Principal factor diferenciador do Algoritmo Genético de outras técnicas de optimização.

- Dois indivíduos são escolhidos entre a população utilizando o operador de selecção.

- Um local de cruzamento ao longo das cordas de bits é escolhido aleatoriamente.

- Os valores das duas cordas são trocados até este ponto.

- Na representação binária de soluções candidatas se S1=000000 e s2=11111111 e o ponto de cruzamento for 2 então S1'=110000 e s2'=00111111.

- Os dois novos descendentes criados a partir deste acasalamento são colocados na geração seguinte da população.

- Ao recombinar porções de bons indivíduos, este processo é susceptível de criar indivíduos ainda melhores.

Operador de Mutação

- Com alguma probabilidade baixa, uma parte dos novos indivíduos terá alguns dos seus pedaços virados.

- O seu objectivo é manter a diversidade dentro da população e inibir a convergência prematura.

- A mutação por si só induz uma caminhada aleatória através do espaço de busca.

- A mutação e a selecção (sem cruzamento) criam uma escalada paralela, tolerante ao ruído e montanhosa.

A implementação de um algoritmo genético começa com uma população de cromossomas tipicamente aleatórios. Os cromossomas são então avaliados e são atribuídas oportunidades de reprodução de tal forma que os cromossomas que representam uma melhor solução para o problema alvo têm mais hipóteses de se reproduzirem do que os cromossomas que são soluções mais pobres. A bondade de uma solução é tipicamente definida em relação à população actual. A Figura 2.1 mostra as operações básicas do Algoritmo Genético.

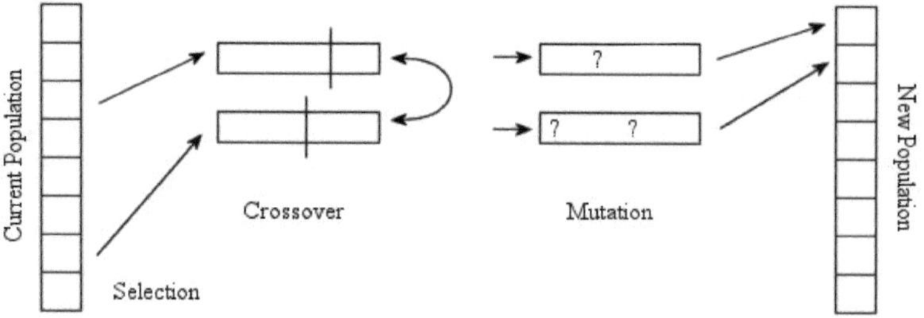

Figura 2.1 - Operações do Algoritmo Genético

Algoritmo Genético Pseudo-Código

1. Escolha a população inicial de Indivíduos (geralmente aleatória)

2. Repetir nesta geração até ao fim (limite de tempo, aptidão física suficiente, etc.).

3. Avaliar a aptidão física de cada indivíduo com base na função de aptidão

4. População de ameixas em conformidade com a estratégia

5. Seleccionar pares para acasalar entre os mais bem classificados

6. Repovoamento da população (utilizando pares seleccionados)

      i. Aplicar operador cruzado

     ii. Aplicar o operador de mutação

7. Verificar os critérios de terminação (número de gerações, período de tempo, limiar mínimo de aptidão física, aptidão física atingiu um patamar, etc.)

8. Loop, se não terminar (Ir para o passo 2)

2.6.3 Exploração v/s Exploração

Geralmente todas as técnicas de optimização são influenciadas por duas questões importantes - a *exploração* e a *exploração*. A exploração refere-se à tendência do algoritmo para orientar a sua direcção de pesquisa através de informação previamente obtida [Thierens & Goldberg (1994)]. A exploração faz uso do conhecimento gerado e da propagação das adaptações. Significa que durante a pesquisa da solução, o algoritmo utiliza a informação obtida no passado para determinar regiões mais pequenas que são promissoras para uma pesquisa mais aprofundada. As operações de exploração incorporam frequentemente pequenas alterações em indivíduos já testados, levando a novos candidatos a soluções muito semelhantes ou tentam fundir blocos de construção de diferentes indivíduos promissores. A exploração é uma metáfora do procedimento que permite às operações de pesquisa encontrar novas e talvez melhores estruturas de solução. A exploração investiga áreas novas e desconhecidas no espaço de pesquisa e gera novos conhecimentos. A exploração é um procedimento que obtém novas informações através da visita a novas regiões no espaço de pesquisa para encontrar pontos ou sub-regiões promissores. Em contraste com a exploração, a exploração inclui saltos para o desconhecido. Ambas as técnicas têm os seus próprios méritos e deméritos. Ambos os termos são contraditórios entre si e precisam de ser equilibrados. Numa perspectiva comum, a exploração do espaço de busca é feita por operadores de busca em algoritmos evolutivos e a exploração é feita por selecção. O compromisso entre exploração e exploração é principalmente determinado pela pressão selectiva criada pelo operador de selecção. A pesquisa aleatória pura é boa em termos de exploração, mas não há exploração enquanto a subida de colinas é boa em termos de exploração e não há exploração [Beasley, Bull & Martin (1993a)]. Foi observado em pesquisas anteriores que qualquer técnica não é suficiente para obter a melhor solução óptima, especialmente em grandes casos de TSP [Merz & Freisleben (1977), Ray, Bandyopadhyay & Pal (2007)].

Assim, muitas pesquisas estão sendo realizadas para combinar dois ou mais algoritmos, a fim de melhorar o desempenho e obter melhores resultados. Os algoritmos de optimização que favorecem a exploração em detrimento da exploração têm maior velocidade de convergência mas correm o risco de não encontrar a solução óptima e podem ficar presos a um óptimo local. Geralmente os algoritmos de optimização devem empregar pelo menos uma operação de pesquisa de carácter exploratório e pelo menos na qual seja possível explorar melhor as boas soluções. A Holanda demonstrou que um algoritmo genético combina exploração e exploração ao mesmo tempo de uma forma óptima [Holland (1975)].

Os algoritmos genéticos seguem dois princípios básicos para a escolha do método de codificação, a saber

1. *O princípio de blocos de construção significativos*: Os esquemas devem ser curtos, de baixa ordem e relativamente pouco relacionados com esquemas sobre outras posições fixas.

2. *O princípio dos alfabetos mínimos*: O alfabeto da codificação deve ser tão pequeno quanto possível, permitindo ao mesmo tempo uma representação natural das soluções.

O primeiro princípio estabelece que o utilizador deve seleccionar uma codificação de modo a que os elementos constitutivos do problema subjacente sejam pequenos e relativamente pouco relacionados com os elementos constitutivos de outras posições. O princípio dos blocos de construção significativos é directamente motivado pelo teorema do esquema. Se os esquemas forem altamente adequados, curtos e de baixa ordem, o seu número aumenta exponencialmente ao longo das gerações. Se os esquemas de alta qualidade forem longos ou de ordem elevada, são perturbados pelo cruzamento e mutação e não podem ser propagados correctamente. O segundo princípio estabelece que o utilizador deve seleccionar o alfabeto mais pequeno que permita uma expressão do problema, de modo a maximizar o número de esquemas exploráveis [Goldberg (1989)]. O princípio dos alfabetos mínimos diz-nos para aumentar o número potencial de esquemas, reduzindo a cardinalidade do alfabeto. Quando usamos alfabetos mínimos o número de possíveis esquemas é o máximo. Esta é a razão pela qual Goldberg nos aconselha a usar representações de cadeia de bits, porque os esquemas de alta qualidade são mais difíceis de encontrar quando se usam alfabetos de maior cardinalidade.

Estes dois princípios de representação baseiam-se no pressuposto de que os algoritmos genéticos processam esquemas e blocos de construção.

2.6.4 Vantagens dos sistemas de Algoritmos Genéticos

- A vantagem da abordagem do Algoritmo Genético é a facilidade com que pode lidar com tipos arbitrários de restrições e objectivos; tudo isso pode ser tratado como componentes ponderados da função de adequação, facilitando a adaptação do programador do Algoritmo Genético aos requisitos específicos de uma gama muito ampla de objectivos globais possíveis.

- Algoritmo Genético pode ser usado quando não há algoritmos ou heurísticas disponíveis para resolver um problema. Um sistema baseado em Algoritmos Genéticos pode ser construído desde que seja possível elaborar uma representação da solução e um esquema de avaliação. Uma vez que apenas requer a descrição de uma boa solução e não a forma de a alcançar, a necessidade de acesso de peritos é minimizada.

- Os problemas de optimização em que as restrições e funções objectivas são não lineares e/ou descontínuas não são passíveis de solução por métodos tradicionais como a programação linear. O Algoritmo Genético pode resolver tais problemas. O Algoritmo Genético não garante soluções óptimas, mas produz soluções quase óptimas que provavelmente serão muito boas.

- O tempo de solução com Algoritmo Genético é altamente previsível - é determinado pelo tamanho da população, tempo necessário para descodificar e avaliar uma solução e o número de gerações de população.

- Os algoritmos genéticos utilizam operações simples, mas são capazes de resolver problemas que são considerados computacionalmente proibitivos pelas técnicas algorítmicas e numéricas tradicionais. Um exemplo é o problema do PAT.

2.6.5 Limitações dos sistemas baseados em Algoritmos Genéticos

- O próprio Algoritmo Genético é cego para o processo de optimização, uma vez que apenas olha para o valor de fitness de cada cromossoma, em vez de saber o que realmente significa o valor de fitness. Como resultado, a sua capacidade para explicar porque é que uma determinada solução foi alcançada é praticamente muito pobre ou nula.

- Embora o Algoritmo Genético seja moderadamente escalável - um maior número de variáveis pode ser acomodado aumentando o comprimento do cromossoma - um cromossoma mais longo também torna a procura da solução mais demorada. Quanto mais longo o cromossoma, maior a população precisa de ser, uma vez que existem mais combinações potenciais de genes. Isto resulta em mais tempo necessário para a descodificação e avaliação da aptidão física.

- Em geral, o Algoritmo Genético não requer um acesso extensivo aos dados. Mas algumas aplicações podem requerer acesso e processar dados das bases de dados da organização para poder avaliar a adequação das soluções. Para estas aplicações, a qualidade e quantidade de dados é importante.

2.6.6 Aplicações de Algoritmos Genéticos

Os algoritmos genéticos podem ser utilizados em muitas aplicações. O que se segue não é uma aplicação de lista exaustiva, mas suficiente para dar uma vista de olhos. Negnevitsky (2002), Lawrence (1989), Geoffrey *et al.* (1989), Grefenstette (1986), Natowicz & Venturini, (1990), Meng & Hamam (1993), Meng, Ji & Dong (1997)]. Algumas das aplicações dos Algoritmos Genéticos são:

- Design de Automóveis: Os Algoritmos Genéticos são utilizados na concepção de materiais compósitos e formas aerodinâmicas para automóveis de corrida e veículos de aviação. Podem devolver combinações dos melhores materiais e da melhor engenharia para proporcionar veículos mais rápidos, mais leves, mais eficientes em termos de consumo de combustível e mais seguros.

- Programação automática: São utilizados para desenvolver programas de computador para tarefas específicas e para desenhar outras estruturas computacionais como em Autómatos celulares e redes de classificação.

- Optimização: Os algoritmos genéticos são amplamente utilizados para tarefas de optimização, incluindo problemas de optimização tanto numéricos como combinatórios, tais como o problema do Vendedor Viajante, Circuit Design [Louis (1993)], Job Shop Scheduling [Goldstein (1991)], optimização da qualidade de vídeo e som, encaminhamento das telecomunicações, problema de atribuição do Estado, problema de tabulação do tempo, encaminhamento do tráfego e da expedição, etc.

- Projecto de Engenharia: São também utilizados para optimizar a estrutura e o desenho operacional de edifícios, fábricas, máquinas, etc. São utilizados para projectar permutadores de calor, braços de aperto de robôs, volantes, turbinas, etc.

- Robótica: O design do robô depende do trabalho que se pretende fazer. Por isso, existem muitos designs diferentes para os robôs. Uma gama de desenhos e componentes óptimos pode ser pesquisada com a ajuda de algoritmos genéticos para cada uso específico e devolver tipos de robôs totalmente novos.

- Aprendizagem por máquinas: Estes algoritmos são utilizados para aplicações de aprendizagem de máquinas como classificação e previsão, previsão de estrutura de proteínas, etc. São também utilizados para desenhar redes neurais, para desenvolver regras para sistemas de classificação de aprendizagem e sistemas de produção simbólicos.

- Modelo Económico: Os algoritmos genéticos encontram a sua utilização no processo de modelação da inovação, desenvolvimento de estratégias de licitação e emergência de mercados económicos. São também aplicáveis ao desenvolvimento de novas estratégias financeiras e de investimento.

- Modelo Ecológico: Algoritmos genéticos são utilizados para modelar fenómenos ecológicos como as raças de braços biológicos, a evolução do parasita hospedeiro, a simbiose e o fluxo de recursos nas ecologias.

- Hardware Evolutivo: São utilizados algoritmos genéticos para desenvolver modelos computacionais que utilizam operadores estocásticos para desenvolver novas configurações a partir das antigas, de modo a desenvolver novos circuitos electrónicos que podem ser designados como hardware evolutivo.

- Planeamento estratégico e tomada de decisões: Os algoritmos genéticos encontram a sua ampla utilização na resolução de diferentes problemas empresariais em áreas funcionais como finanças, marketing e produção. Podem ser utilizados em actividades como a gestão táctica da informação, agrupamento e concepção de redes, programação de trabalhos para melhor tomada de decisão e gestão.

- Jogar: Os algoritmos genéticos são também aplicados na teoria dos jogos e por isso são amplamente utilizados no desenvolvimento de jogos de computador, ambientes simulados.

- Desenho Molecular Assistido por Computador: A criação de novas concepções de novas moléculas químicas é um campo emergente da química aplicada. Os algoritmos genéticos são utilizados para compreender estruturas químicas, analisar os efeitos da substituição e prever novos desenhos para moléculas químicas como proteínas, produtos químicos industriais, etc.

- Criptografia e quebra de código: Os algoritmos genéticos podem ser utilizados tanto para criar criptografia para dados sensíveis, como para quebrar esses códigos.

- Invenção Biomimética: A Biomimética ou Biomimética é uma área emergente que envolve o desenvolvimento de tecnologias inspiradas em desenhos na natureza. A Biomimética utiliza algoritmos genéticos como uma das suas ferramentas de concepção.

2.6.7 Aplicação do Algoritmo Genético em testes de software

Os testes de sistemas de software consistem normalmente apenas numa amostra muito pequena do conjunto de cenários possíveis de utilização do sistema; pode ser difícil generalizar os resultados dos testes a partir de uma quantidade limitada de testes baseados em modelos de utilização de alto nível. Também pode ser muito difícil determinar a natureza e a localização dos erros que causaram quaisquer falhas durante os testes do sistema e, portanto, muito difícil para os testadores de software encontrar e corrigir esses erros no programa. Para resolver estes problemas, a abordagem do Algoritmo Genético (Genetic Algorithm) pode ser uma melhor solução para optimizar os casos de teste para um teste eficiente do software. Com base nos resultados dos testes do sistema de software a nível macro, é usado um Algoritmo Genético para seleccionar casos de teste adicionais para se concentrar no comportamento em torno dos casos de teste iniciais para ajudar a identificar e caracterizar os tipos de casos de teste que provocam falhas no sistema e os tipos de casos de teste que não induzem falhas no sistema. Quer se verifiquem ou não quaisquer falhas, a abordagem do Algoritmo Genético suporta uma maior automatização dos testes e oferece mais provas para apoiar o raciocínio sobre a qualidade global do produto de software. Quando se verificam falhas, a abordagem pode melhorar a eficiência das actividades de depuração, fornecendo informações sobre casos de teste semelhantes, mas diferentes, que revelam falhas no software e sobre os valores de entrada que desencadearam as falhas para induzir falhas.

2.6.8 Aplicação de Algoritmo Genético na selecção de casos de teste

As AA são provavelmente a forma mais conhecida e utilizada de AA. Têm sido utilizadas eficazmente na geração de dados de ensaio para alcançar um critério de cobertura específico. Por exemplo, o Algoritmo Genético foi utilizado na geração de dados de teste candidatos que atingem declaração e cobertura de ramo [Pargas et al. (1999)]; Algoritmo Genético aplicado na geração de dados de teste para teste de percurso [Mansour & Salame (2004)] e [Lin e Yeh (2001)]; Um estudo rico sobre AG e suas muitas variações internas de processo foi feito em sua tese [Sthamer (1996)]. Testes evolutivos são também aplicados em sistemas incorporados [Sthamer, Baresel & Wegener (2001)]. Além disso, o Algoritmo Genético foi utilizado para guiar uma pesquisa de estado de espaço para estados de erro de sistemas reactivos concorrentes [Godefroid & Khurshid (2002)]. O Algoritmo Genético conduz a sua pesquisa construindo novos dados de teste a partir de dados de teste previamente gerados que são avaliados como dados de teste eficazes. A abordagem pode ser usada na geração de dados de teste para programas com/sem laços e procedimentos.

A população inicial é definida como um conjunto de casos de teste gerados inicialmente. A população é inicializada, quer aleatoriamente, quer com indivíduos definidos pelo utilizador. Cada *indivíduo* da população representa um *único* caso de teste. O indivíduo é enviado para o Testador para ser processado e fornecido ao Software em Teste. O Software em Teste processa esta entrada e fornece uma saída que é analisada para que esteja correcta. Os diferentes critérios determinarão se a saída é precisa ou defeituosa ou se o software em teste falhou. Então a informação será enviada para o Algoritmo Genético do resultado de que a saída está correcta, a saída está defeituosa, ou o Software em Teste falhou. O Algoritmo Genético utiliza este resultado que ocorreria conforme definido pelo processo para ajudar a determinar a aptidão geral do indivíduo. O Algoritmo Genético itera então através de um ciclo de avaliação-selecção-reprodução até que uma condição de paragem definida pelo utilizador seja satisfeita ou até que o número máximo de gerações permitidas seja excedido. O Algoritmo Genético produz casos de teste individuais que causaram falhas de alta intensidade dentro das áreas de utilização elevada do software, conduzindo assim testes dinâmicos e análises do sistema de uma forma focalizada com base nos objectivos do teste e nos resultados de testes anteriores. Quer se verifiquem ou não falhas, a abordagem do algoritmo genético fornece factos acrescidos para que a equipa de testes e os gestores apoiem o raciocínio sobre a qualidade global do produto de software. Na situação em que se verificam falhas, a abordagem do algoritmo genético fornece informações sobre casos de teste semelhantes, mas diferentes, que encontram falhas no software e sobre os valores de entrada que geram as falhas para induzir falhas. Esta informação pode ajudar o desenvolvedor a reconhecer padrões no comportamento do sistema e a provar uma hipótese sobre as falhas que as causaram. Como as diferentes falhas de software variam na gravidade e prioridade para o utilizador e na frequência de ocorrência sob certos perfis de utilização, certas falhas podem ser mais importantes do que outras. Factores como a incerteza da equipa de desenvolvimento relativamente a requisitos específicos, a complexidade de uma parte específica do código e as diferentes competências da equipa de desenvolvimento de software podem resultar em clusters de falhas em certas partições do conjunto de possíveis utilizações do software.

2.7 Lacuna na investigação

Como observado, são consumidos os máximos esforços (tempo e custo) na fase de teste do desenvolvimento do software. A concepção dos casos de teste é um processo pesado. A geração automática de casos de teste ajudará a reduzir os esforços nos testes, o que, por sua vez, resulta numa redução do custo do software. Durante a geração dos casos de teste, o objectivo é minimizar os esforços consumidos e maximizar o número de falhas detectadas. Assim, os testes podem ser vistos como um problema de optimização. Diversas técnicas de pesquisa têm sido utilizadas nos problemas de optimização. Os Algoritmos Evolutivos são uma delas. Algoritmo Genético é um algoritmo evolutivo que pode ser usado para optimizar o problema de geração de casos de teste. Algoritmo Genético é um algoritmo de pesquisa baseado na população, baseado no princípio de *sobrevivência de* Darwin *do teste de aptidão*. O Algoritmo Genético é basicamente uma técnica evolutiva inspirada na evolução biológica. Foi desenvolvido na década de 1970 por John Holland, seus colegas e estudantes da Universidade de Michigan. Ele imita o processo de evolução natural. O Algoritmo Genético começa com uma população inicial e depois aplica operadores genéticos como a selecção, cruzamento, mutação e substituição nessa população para evoluir melhor e muito melhor os indivíduos. O Algoritmo Genético pode ser terminado em qualquer um dos dois casos: número máximo de gerações alcançadas ou valor óptimo encontrado. Os algoritmos genéticos podem ser implementados utilizando qualquer linguagem ou ferramenta como C, C++, JAVA, .Net, MATLAB, etc.

Existem muitos critérios de adequação para uma especificação. A geração de casos de ensaio para estes critérios de adequação é a principal tarefa da geração de casos de ensaio. Os ensaios são efectuados com base nos casos de ensaio gerados com base nestes critérios de adequação.

Os casos de teste podem ser gerados automaticamente com uma série de técnicas. Mas o caso de teste não é apenas a geração de dados de teste. A execução dos dados de teste gerados no software em teste (SUT) também é feita com base no qual o programa é declarado aprovado ou reprovado. Após a geração dos casos de teste, como executá-los no SUT para obter mais testes é também uma tarefa crítica. A programação N-Version e os métodos de blocos de recuperação são duas técnicas que permitem executar os casos de teste em paralelo ou em sequência, respectivamente. As decisões foram comparadas por um modelo de driver em ambas as técnicas, e se houver falhas então a unidade defeituosa é descoberta por maioria ou por alguma abordagem habitual.

Nesta investigação, o investigador efectuou a identificação automática destes limites/intervalos através de algoritmos genéticos e testes aleatórios, comparando depois os resultados de ambas as técnicas. O algoritmo genético e os testes aleatórios começam ambos com alguma população inicial aleatória e depois o algoritmo genético utiliza a aptidão dos indivíduos para progredir em direcção aos óptimos, enquanto os testes aleatórios funcionam de forma aleatória ao longo de toda a corrida. Para esta experiência, a distância dos limites é tomada como a aptidão do cromossoma individual.

2.8 Objectivos de investigação

O objectivo desta investigação é a adopção de uma abordagem de garantia de qualidade eficaz para a detecção e eliminação precoce de erros para organizações baseadas em produtos e em serviços. Actualmente, existem muitos modelos de utilização para o desenvolvimento de software, mas existem alguns inconvenientes.

Objectivos:

- O primeiro objectivo é definir os princípios dos ensaios de software, descrever as inúmeras metodologias de ensaio e como realizar eficazmente estes ensaios em projectos na indústria.

- O segundo objectivo é avaliar o que constitui a qualidade do software e que factores afectam essa qualidade e como, quando e onde a GQ pode ser utilizada no ciclo de vida do projecto para melhorar a qualidade do produto.

Para alcançar os objectivos acima referidos, é adoptada uma metodologia: -

1. Geração automática de dados de teste e análise do desempenho do Algoritmo Genético
2. Identificação do sistema de codificação, critérios de selecção, estratégias de cruzamento e mutação e dimensão da população para aplicação do algoritmo genético na geração automática de dados de ensaio.
3. Comparação das abordagens das gerações de casos de teste com as outras técnicas de teste de gerações de casos de teste automáticos, tais como testes aleatórios, testes anti-randomização, etc.
4. Propôs um modelo para testar qualitativamente o software, para que a Garantia de Qualidade do Software possa ser garantida.

SÍNTESE

Os Algoritmos Genéticos são fáceis de aplicar a uma vasta gama de problemas, desde problemas de optimização, como o problema do vendedor ambulante, até à aprendizagem indutiva de conceitos, calendarização, encaminhamento de rede e problemas de layout. Os resultados podem ser muito bons em alguns problemas, e bastante maus noutros. Se apenas for utilizada a mutação, o algoritmo é muito lento. O Crossover torna o algoritmo significativamente mais rápido. O Algoritmo Genético é uma espécie de busca em subida de montanha. Como em todos os algoritmos de escalada, há um problema de máximos locais. Máximos locais num problema genético são aqueles indivíduos que ficam presos com uma boa, mas não óptima, medida de aptidão. Qualquer pequena mutação dá pior condição física. Felizmente, o crossover pode ajudá-los a sair de um máximo local. Além disso, a mutação é um processo aleatório, por isso é possível que se tenha uma mutação grande repentina para tirar estes indivíduos desta situação. (Na verdade, estes indivíduos nunca saem. São os seus descendentes que saem dos máximos locais). Se a concepção ou início de um algoritmo informático baseado na evolução do organismo é surpreendente, a extensividade com que este algoritmo é aplicado em tantas áreas é nada menos que espantosa ou espantosa. A sua utilidade e graciosidade na resolução de problemas tornou-o uma escolha mais favorita entre os métodos tradicionais, nomeadamente a pesquisa por gradiente, pesquisa aleatória e outros. As ACs são muito úteis quando o desenvolvedor não tem conhecimentos precisos do domínio, porque as ACs possuem a capacidade de explorar e aprender com o seu domínio. Prevê-se que os avanços em matemática, lógica fuzzy, caos e fractais irão promover e melhorar o trabalho actualmente desenvolvido pelos Algoritmos Genéticos. O futuro trará novas aplicações de algoritmos genéticos e novas técnicas que permitirão a plena exploração dos Algoritmos Genéticos.

CAPÍTULO 3: CONCEPÇÃO DE UMA ABORDAGEM EFICAZ DE DETECÇÃO E REMOÇÃO DE ERROS

3.1 Introdução

A geração de casos de teste é a parte que consome mais esforço nos testes de software. Uma vez gerados os casos de teste, estes foram utilizados para testar o software em termos de qualidade. Estas entradas foram introduzidas no software para comparar os resultados observados e esperados. Esta comparação tem de ser feita automaticamente. A geração automática de casos de teste pode ser feita por muitas técnicas disponíveis na literatura. Mas utilizar estas técnicas e gerar casos de teste não é suficiente. A comparação de resultados também deve ser feita com algum processamento sistemático e automático. Se os resultados observados forem diferentes dos resultados esperados, serão tomadas as medidas necessárias para descobrir a falha.

Assim, a automatização do processo de ensaio inclui duas subtarefas. Em primeiro lugar, gerar casos de teste automáticos com base em alguns critérios de adequação. Em segundo lugar, verificar o comportamento do programa neste caso de teste gerado automaticamente. Assim, se os casos de teste forem melhor escolhidos, a qualidade será melhor avaliada, mas se os casos de teste escolhidos não forem suficientes ou não forem de boa qualidade, então a qualidade do programa também pode ser mal avaliada.

3.2 Bloco de recuperação

Cada programa tem alguma implementação específica de especificações de requisitos. Todos os programas foram elaborados a partir de algumas especificações de requisitos desse programa. Um modelo de programa pode ser visto como uma função que faz o mapeamento de algumas entradas para algumas saídas, como mostrado na Figura 3.1.

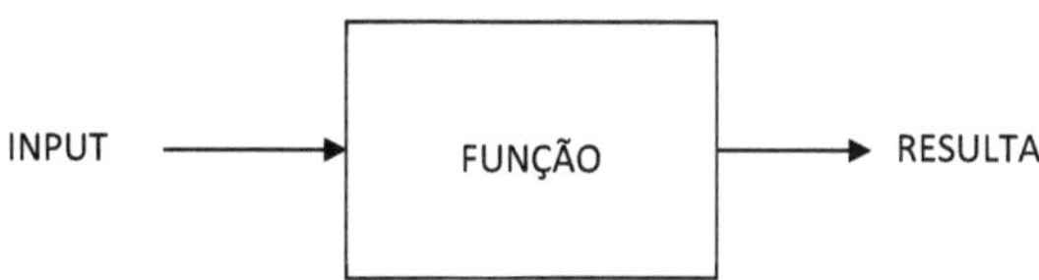

Figura 3.1: Terminologia do programa

A fiabilidade de um programa depende das falhas presentes no programa. As diferentes técnicas para o melhorar são a prevenção, detecção e correcção de falhas e a tolerância a falhas.

O sistema tem de ser fiável e disponível. Tem de ser fiável e ter o menor número possível de falhas; a prevenção de falhas é da maior importância. Por exemplo, uma nave que transporte astronautas numa viagem de ida e volta ao espaço precisa de executar sem falhas para devolver esses astronautas em segurança ao solo. Também precisa de estar altamente disponível para que os astronautas tenham acesso aos sistemas de forma contínua.

O princípio fundamental da tolerância a falhas de hardware é a utilização de elementos redundantes do sistema [Avizienis (1977)]. A concepção de um sistema com tolerância à falha é uma concepção que permite a um sistema continuar o seu funcionamento pretendido, quando alguma parte do sistema falha, possivelmente a um nível reduzido, em vez de falhar completamente. A utilização de software redundante para recuperar de um mau funcionamento do software exige, no entanto, uma atenção especial devido às características distintivas do software. Em contraste com o hardware, em que predominam as falhas físicas, os defeitos do software são defeitos invariáveis no tempo. Os erros são produzidos pela utilização dos mesmos inputs que desencadeiam os mesmos elementos deficientes de um programa. Portanto, cópias duplicadas de um programa não podem remover os erros ou mesmo encontrar a localização das falhas. A principal causa da falta de fiabilidade do hardware é uma falha aleatória, que do software é a sua complexidade. A complexidade do software conduz a várias dificuldades. Estas observações levam a concluir que, se for utilizado software redundante numa tentativa de obter tolerância a falhas de software, então não deve ser uma cópia duplicada do mesmo software, mas deve ser construído com base nas mesmas especificações dos requisitos.

Foi descrita uma forma de conceber um sistema que possa tirar partido de múltiplas técnicas de redundância de software, tais como variações de blocos de recuperação e programação de N-versão [Daniels, Kim & Vouk (1997)].

Os blocos de recuperação foram inicialmente introduzidos por Horning et al. [Horning et al. (1974)]. Este esquema é análogo ao esquema de espera a frio para tolerância a falhas de hardware. Basicamente, nesta abordagem, múltiplas variantes de software que são funcionalmente equivalentes são implementadas de forma redundante em termos de tempo. Um *teste de aceitação* é utilizado para testar a validade do resultado produzido pela versão primária. Se o resultado da versão primária for aprovado no teste de aceitação, este resultado é comunicado e a execução pára. Se, por outro lado, o resultado da versão primária falhar no teste de aceitação, é invocada outra versão de entre as versões múltiplas e o resultado produzido é verificado pelo teste de aceitação. A execução da estrutura não pára até que o ensaio de aceitação seja aprovado por uma das versões múltiplas ou até que todas as versões tenham sido esgotadas. As diferenças significativas na abordagem por blocos de recuperação da programação por N-versão são que apenas uma versão é executada de cada vez e a aceitabilidade dos resultados é decidida por um teste e não por votação por maioria. A técnica dos blocos de recuperação tem sido aplicada a sistemas reais e tem sido a base da estrutura de blocos de recuperação distribuídos para integrar a tolerância a falhas de hardware e software e a estrutura de blocos de recuperação distribuída alargada para aplicações de comando e controlo. A modelação e análise dos blocos de recuperação são descritas por Tomek et al. [Tomek, Muppala & Trivedi (1993)], [Tomek & Trivedi (1994)].

O bloco de recuperação é um método para garantir a fiabilidade do software com cópias alternativas. Começa a partir de um teste de aceitação, se falhar então tente um ponto alternativo se falhar novamente, então tente outro alternativo e assim por diante. Se todo o alternativo tentar e falhar, então ele levanta um erro. Pode ser resumido no bloco seguinte:

Garantir <teste de aceitação>

Por

<Módulo primário>

Caso contrário, por

<Módulo alternativo>

Caso contrário, por

<Módulo alternativo>

...

Caso contrário, por

<Módulo alternativo>

Outros erros

A figura seguinte descreve o mecanismo do bloco de recuperação:

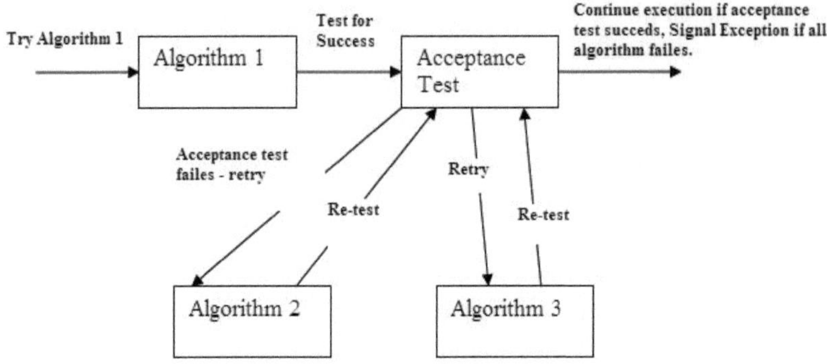

Figura 3.2 Bloco de recuperação

Aqui os suplentes correspondem às variantes do Programa, e o teste de aceitação ao aceitante, sendo o texto acima uma expressão efectiva do controlador. Ao entrar num bloco de recuperação, o estado do sistema deve ser guardado para permitir a recuperação de erros retroactivos, ou seja, estabelecer um ponto de controlo. O alternante primário é executado e depois o teste de aceitação é avaliado para permitir uma aceitação sobre o resultado desse alternante primário. Se o teste de aceitação for aprovado, o resultado é considerado positivo e o bloco de recuperação pode ser abandonado, descartando-se a informação sobre o estado do sistema tomada à entrada (ou seja, ponto de controlo). No entanto, se o teste falhar ou se forem detectados erros por outros meios durante a execução do alternante, é aberta uma excepção e é invocada uma recuperação de erro a posteriori. Isto restabelece o estado do sistema ao que se encontrava à entrada. Após essa recuperação, é executado o alternante seguinte e, em seguida, é aplicado novamente o teste de aceitação. Esta sequência continua até que um teste de aceitação seja aprovado ou que todos os suplentes tenham falhado o teste de aceitação. Se todos os suplentes falharem o teste ou resultarem numa excepção (devido à detecção de um erro interno), será sinalizada uma excepção de falha para o ambiente do bloco de recuperação. Uma vez que os blocos de recuperação podem ser aninhados, a criação de uma excepção a partir de um bloco de recuperação interno invocaria a recuperação no bloco circundante.

3.3 Modelo proposto para os ensaios

A ideia de um mecanismo de recuperação em bloco é tomada para propor um novo modelo e é proposto um teste de aceitação, tal como previsto. Cada programa pode ser visto como um mapeamento de entradas para saídas. Se se pode construir um programa a partir de algumas especificações de requisitos, então também se deve gerar especificações de programa através do estudo do programa. Por outras palavras, se P é um programa que mapeia a entrada X para Y, então pode-se escrever um Programa P' que levará Y como entrada e mapeia-o para X. Agora se a entrada de P e a saída de P' corresponderem, ambos irão testar um ao outro por funcionalidade. Por exemplo, se escrevermos um programa para encontrar o factorial (N!) de determinado número N, então também podemos escrever um programa para encontrar o número N com determinado factorial (N!). Então se uma entrada é dada ao primeiro programa, digamos 5 e 120 é a saída, então este 120 pode ser dado como uma entrada ao segundo programa e a sua saída pode ser observada, se for 5 então ambos os programas fazem o teste um do outro. Se estes não corresponderem, então qualquer um dos dois pode estar errado, pelo que as acções necessárias devem ser tomadas. Todo este processo pode ser resumido na figura 3.3 como a seguir.

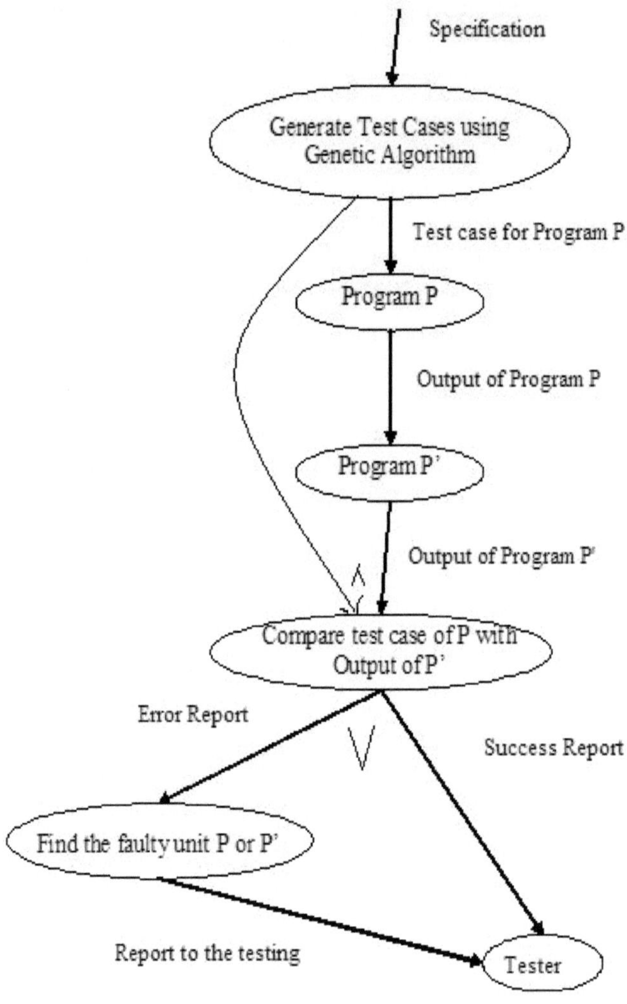

Figura 3.3: Modelo proposto com base no teste de aceitação

Isto pode ser feito em número de programas através da implementação de um programa complementar do mesmo. São considerados dois estudos de caso para estudar a viabilidade deste modelo:

a) Factorial de um dado número

b) Data seguinte para uma determinada data actual

Os casos de teste são gerados utilizando algoritmos genéticos e testes aleatórios. Os resultados mostram que os algoritmos genéticos geram melhores casos de teste do que os testes aleatórios.

i) **Factorial de um número**: Se um programa pode ser escrito para encontrar um factorial se for dado um número como input, então também se pode escrever um programa para encontrar o número se for dado um factorial como input. A codificação em MATLAB é anexada no Apêndice-IV. Assim, o programa invertido pode fazer o trabalho para este exemplo:

Programa principal para encontrar factoriais: -

Input: número cujo factorial deve ser calculado

Produção: factorial de um determinado número

Factorial()

```
{
      int i=0, fact=0;
      para i = 1 a num
            facto = facto * i;
      fim
}
```

Segundo programa para encontrar o número cujo factorial é dado: -

Input : factorial de um determinado número

Produção : número cujo factorial deve ser calculado

Numofactorial()

```
{
      int num = 1, tfact =1;
      para c = 1 a factos
            tfact = tfact * c ;
            se (tfacto == facto)
                  pausa;
            fim
      fim
}
```

Assim, um número pode ser passado para a função *Factorial* para descobrir o factorial, e depois o que quer que seja o resultado da função Factorial pode ser novamente passado como input para a função *Numofactorial*. Ele irá gerar algum output, e então este output será verificado com o input original, se forem iguais, isso significa que ambos os programas escritos estão correctos. Tal como eles fazem os testes um do outro.

ii) **Função de data seguinte**: Esta é a função que devolve a data seguinte da data introduzida. Também pode ser utilizada no bloco Recuperação, como se se pudesse escrever um programa para encontrar a data seguinte, então também pode ser escrito um programa para encontrar a data anterior. A codificação em MATLAB é anexada no Apêndice III.

Programa principal para encontrar a próxima data: -

Entrada : uma data

Saída : próxima data de entrada

PróximaData()

```
{
        ler a data actual;
        verificar se o mês está no intervalo de 1-12;
        verificar se a data se situa entre 1-31;
        verificar se o ano está dentro do intervalo 1951-2050;
        se alguma verificação falhar, voltar à introdução da data actual com mensagem
de erro.
                Calcular o próximo mês;
                Calcule o próximo dia;
                Calcular o próximo ano;
        Regressar PróximaData;
}
```

Segundo programa a encontrar data anterior: -

Entrada : uma data

Saída : data anterior da data de entrada

AnteriorData()

```
{
    ler a data actual;
    verificar se o mês está no intervalo de 1-12;
    verificar se a data se situa entre 1-31;
    verificar se o ano está dentro do intervalo 1951-2050;
    se alguma verificação falhar, voltar à introdução da data actual com mensagem
de erro.
        Calcular prevMês;
        Calcular antes do dia;
        Calcular o ano anterior;
    Retornar PrevDate;
}
```

Assim, uma data pode ser passada para a função *NextDate* para descobrir a data seguinte, e então qualquer que seja a saída da função *NextDate* pode ser novamente passada como entrada para a função *PreviousDate*. Irá gerar alguma saída, e então essa saída será verificada com a entrada original, se ambas as datas forem iguais, isso significa que ambos os programas escritos estão correctos. Tal como eles fazem os testes um do outro.

Resumo

A ideia do modelo proposto foi retirada da técnica dos blocos de recuperação. Os blocos de recuperação foram introduzidos pela primeira vez por Horning e seus companheiros de equipe. Este esquema é análogo ao esquema de espera a frio para tolerância a falhas de hardware. Basicamente, nesta abordagem, múltiplas variantes de software que são funcionalmente equivalentes são implementadas de forma redundante no tempo. Um *teste de aceitação* é usado para testar a validade do resultado produzido pela versão primária. Se o resultado da versão primária for aprovado no teste de aceitação, este resultado é comunicado e a execução pára. Se, por outro lado, o resultado da versão primária falhar no teste de aceitação, é invocada outra versão de entre as versões múltiplas e o resultado produzido é verificado pelo teste de aceitação. A versão complementar do programa pode fazer a tarefa. Dois programas foram tomados para experiências neste capítulo. Os casos de teste foram gerados usando Algoritmo Genético e testes aleatórios para eles e o teste de aceitação é definido para eles.

CAPÍTULO 4: APLICAÇÃO DE UMA ABORDAGEM REFORÇADA DE DETECÇÃO E ELIMINAÇÃO DE ERROS

4.1 Software de implementação - MATLAB

Nesta investigação, os Algoritmos Genéticos foram implementados utilizando MATLAB. MATLAB significa MATrix LABoratory e foi desenvolvido pela The MathWorks Inc. (The MathWorks Inc.). Dr. Cleve Moler, Cientista Chefe da The MathWorks Inc. escreveu originalmente MATLAB para fornecer fácil acesso ao software de matriz desenvolvido nos projectos LINPACK e EISPACK. Estes são pacotes de programação de alta qualidade cuidadosamente testados para resolver equações lineares e problemas de valor próprio. Mais tarde, Jack Little aproveitou o potencial comercial do MATLAB e com permissão reescreveu o MATLAB em C, acrescentou "M-files" e muitas novas funcionalidades e bibliotecas no mesmo e comercializou-o.

MATLAB é um pacote de software utilizado para a realização de cálculos científicos e visualização. Tem uma maior capacidade de análise de vários problemas científicos. É altamente flexível e possui gráficos poderosos. Fornece um Ambiente Integrado de Desenvolvimento (IDE) para programação com inúmeras funções pré-definidas para computações e visualizações técnicas. Pode também incorporar funções definidas pelo utilizador. O MATLAB fornece uma excelente linguagem computacional, algoritmos de última geração para matemática e excelente visualização usando funções prontas. Características e construções de programação disponíveis em C ou C++ também estão disponíveis no MATLAB [Bansal *et al.* 2009].

Funções construídas para lidar com matrizes em cálculos matemáticos complexos são incluídas no MATLAB, poupando assim o tempo de programação do utilizador. Para visualização, está disponível um grande número de funções para gráficos bidimensionais e tridimensionais. O MATLAB fornece ferramentas de Interface Gráfica de Usuário (GUI) para lidar com gráficos e realizar operações especializadas em gráficos. O MATLAB inclui várias caixas de ferramentas para aplicações específicas, tais como análise matemática, aquisição de dados, desenho de sistemas de controlo, processamento digital de sinais, redes neurais, etc.

O ambiente de programação do MATLAB é muito interactivo. Os programas são interpretados em vez de compilados. Isto facilita a depuração. Como é uma linguagem interpretada, permite realizar cálculos numéricos e visualizar os resultados sem a necessidade de programação complexa. Permite aos utilizadores resolver problemas de forma precisa, produzir gráficos facilmente e produzir código de forma eficiente. MATLAB é melhor para Matemática sofisticada, especialmente em grandes conjuntos de dados e para coisas como álgebra matricial [Bansal *et al.* 2009].

As vantagens do MATLAB são:

- facilidade de utilização,

- gráficos e plotting poderosos,

- a independência das plataformas,

- Vasta gama de funções pré-definidas.

Foram desenvolvidos diferentes módulos no MATLAB para vários operadores de algoritmos genéticos. O código fonte é generalizado para que seja utilizado em mais módulos com poucas modificações. O código-fonte é modular, estrutural e fácil de usar. Foram feitas as documentações necessárias para o tornar legível e fácil de compreender.

O objectivo do MATLAB é permitir-nos resolver problemas numéricos complexos, sem ter de escrever programas em línguas tradicionais como *C*. Assim, o MATLAB interpreta comandos como o *Basic* faz, em vez de compilar código fonte como o *C* exige. Usando a capacidade de programação relativamente simples do MATLAB, é muito fácil criar novos comandos e funções no MATLAB. Além disso, estes programas MATLAB desenvolvidos (ou scripts) podem correr sem modificações em diferentes computadores com MATLAB. Hoje, o MATLAB evoluiu para um ambiente de programação muito poderoso, fornecendo inúmeras caixas de ferramentas como processamento de sinais, processamento de imagens e controles, otimização e cálculos estatísticos.

4.2 Abordagem de Análise de Valor Limite Melhorada

A abordagem do Algoritmo Genético (Genetic Algorithm) impulsiona a geração dinâmica de casos de teste, focando os testes em áreas de alta utilização (frequência) e propensas a falhas (severidade) do software. O teste é um processo que precisa de ser feito de forma eficaz. Os testes exaustivos não são possíveis devido à limitação de recursos. No passado, observa-se que os casos de teste se encontram em classes diferentes, e os programadores cometem mais erros nessas classes de casos de teste. A classe mais importante destas classes são os valores-limite; há mais hipóteses de o software falhar nos limites. A geração automática de casos de teste deve concentrar-se nestas classes de casos de teste, que são mais cruciais para o software. Os valores-limite de um programa são descritos como limites de entrada das variáveis utilizadas no programa. Para o desenho do problema é utilizada uma função F. F é uma função de duas variáveis, x1 e x2. Quando a função F é implementada como um programa, estas variáveis de entrada terão alguns limites:

$$a <= x1 <= b;$$

$$c <= x2 <= d;$$

O espaço de entrada da função F é indicado na figura 4.1. Qualquer ponto dentro do rectângulo sombreado é um ponto legítimo para a função F.

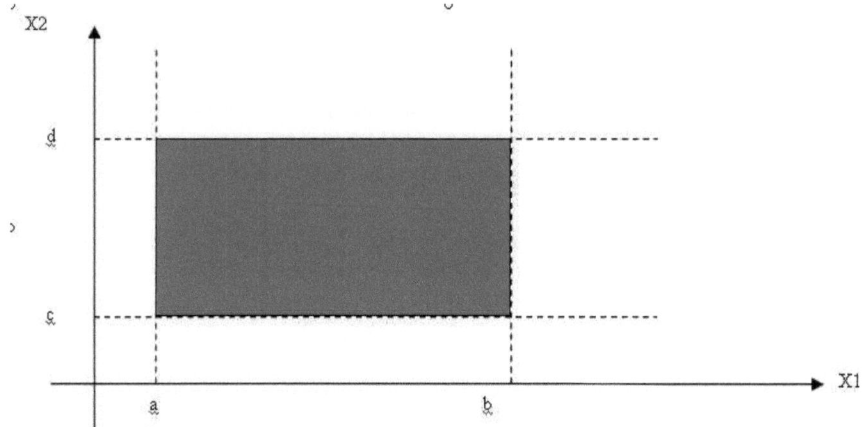

Figura 4.1: Domínio de entrada de uma função de duas variáveis

A análise do valor-limite centra-se no limite do espaço de entrada para identificar casos de teste. Porque as falhas máximas são cometidas nos limites tais como um programa pode cometer um erro de digitação < em vez de <=. Assim, a idéia básica é selecionar cinco valores, mínimo, logo acima do mínimo, valor nominal, logo abaixo do máximo e do máximo. Assim, os valores do caso de teste para a análise do valor-limite são mostrados na Figura 4.2.

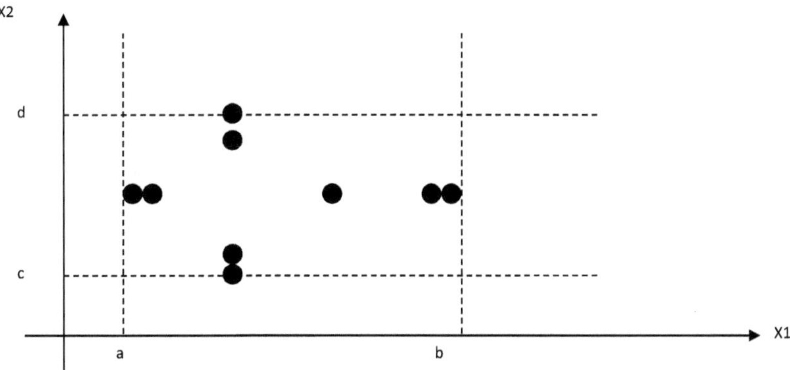

Figura 4.2: Casos de teste da análise do valor-limite para uma função de duas variáveis

Por conseguinte, a figura 4.2 mostra claramente que a análise do valor-limite é um teste. A análise do valor-limite não faz sentido para as variáveis booleanas. Porque os valores extremos para estas variáveis são VERDADEIROS e FALSOS. Portanto, as outras três ranhuras não podem ser preenchidas para a análise do valor limite. A análise do valor limite funciona bem em programas onde o programa é função de várias variáveis independentes que representam quantidades físicas delimitadas.

Nesta investigação, o investigador procedeu à identificação automática destas fronteiras através de algoritmos genéticos e testes aleatórios, comparando depois os resultados de ambas as técnicas. O algoritmo genético e os testes aleatórios começam ambos com alguma população inicial aleatória e depois o algoritmo genético utiliza a aptidão dos indivíduos para progredir em direcção aos óptimos, enquanto os testes aleatórios funcionam de forma aleatória ao longo de toda a corrida. Para esta experiência, a distância dos limites é tomada como a aptidão do cromossoma individual, o objectivo será o de minimizar esta distância

4.2.1 Algoritmo genético para geração de casos de teste

É aqui apresentado o algoritmo genético proposto para a geração de casos de teste para a análise de valores-limite. Em primeiro lugar, são discutidos os principais componentes do Algoritmo Genético e depois é apresentado o algoritmo global.

No algoritmo genético proposto, a codificação do valor do algoritmo genético é utilizada no cromossoma, ou seja, são utilizados valores reais para representar as variáveis de entrada x1,x2,.... do programa. O comprimento do cromossoma depende do número de variáveis.

Suponhamos que se pretenda gerar casos de teste de um programa P com variáveis de entrada x1 e x2. Cada um deles tem os seus intervalos de valores dentro de algum domínio, digamos [c, d]. Então os valores que representam o cromossoma são [a1, a2], em que a1 e a2 são intervalos dentro do domínio das respectivas variáveis [c, d].

A população inicial é gerada aleatoriamente, como discutido na seção Representação. Vetores pop_size de tamanho c_size são gerados aleatoriamente, onde pop_size é o tamanho da população, e c_size é o número de variáveis. Para os valores do espaço de pesquisa, a população inicial é gerada com 5 valores inferiores ao limite inferior da variável e 5 valores superiores ao limite superior, ou seja, se os limites inferior e superior forem 5 e 15 respectivamente, então os valores iniciais são gerados de 0 (5-5) a 20 (15+5). Diferentes valores de tamanho pop_size são tomados em experiências e os melhores foram escolhidos.

A adequação de cada cromossoma é determinada pela sua diferença em relação aos limites da variável. Quanto mais uma variável se aproxima dos limites, mais é declarada apta.

Fitness(popsize, chromLength, curpop)

    lBound = limite inferior da variável;

    uBound = limite superior da variável;

    para I = 1 para popsize
        para j = 1 até cromL comprimento
            diffLower = lBound - curpop(i,j);
            difUpper = uBound - curpop(i,j);
            maisFechar = min(difLower, difUpper);
            fitness(i) = moreClose;
        fim
    fim
fim;

Após o cálculo da adequação de cada caso de teste na população actual, o algoritmo selecciona casos de teste entre os membros efectivos da população actual que serão pais da nova população. No processo de selecção o Algoritmo Genético utiliza o *método de classificação* [Goldberg (1989)], enquanto os Testes Aleatórios utilizam *o método de selecção aleatória.* Estes dois métodos são descritos abaixo.

(i) Selecção de Rank: Para a selecção de uma nova população relativamente à distribuição de probabilidades com base nos valores de aptidão, são-lhes associados graus de prioridade. O processo de selecção é baseado na selecção de elementos de tamanho pop_size. Obviamente, alguns cromossomas seriam seleccionados mais do que uma vez.

(ii) Selecção aleatória: Neste método, a selecção dos pais é feita de forma aleatória, para que cada membro efectivo da população actual tenha as mesmas hipóteses de ser seleccionado para recombinação.

Assumir que l membros da população actual foram eficazes, onde $l \leq pop\_size$.

Os pais são seleccionados da seguinte forma:

Isolar os membros efectivos e numerá-los de 1 a l;

Para i=1 para *pop_size* do

Começar em

Gerar um número inteiro j aleatório a partir do intervalo [0... l];

Seleccione o cromossoma vj entre os membros efectivos;

Fim Para;

Funciona a nível individual. Durante o cruzamento, dois progenitores (cromossomas) trocam informações sub-cordas (material genético) numa posição aleatória no cromossoma para produzir duas novas cordas (descendência). O objectivo aqui é criar uma melhor população ao longo do tempo, combinando material de pares de membros (mais aptos) da população de progenitores. O crossover ocorre de acordo com uma probabilidade cruzada. A probabilidade de cruzamento pc dá-nos o número esperado $pc - pop\_size$ dos cromossomas, que são submetidos à operação de cruzamento. Isto é o seguinte:

Para cada cromossoma da (nova) população:

- Gerar um número r aleatório (float) a partir do intervalo [0... 1];

- Se $r < pc$, seleccionar um determinado cromossoma para o cruzamento.

Agora os pais seleccionados são acasalados aleatoriamente. Para cada par de pais seleccionados é utilizado um cruzamento aritmético com probabilidade de cruzamento 0,7. O operador aritmético cruzado define uma combinação linear de dois cromossomas [Michalewicz (1994)]. Dois cromossomas são seleccionados aleatoriamente para o cruzamento e produzem dois descendentes que são combinações lineares dos seus progenitores, de acordo com o seguinte cálculo:

Cigen+1 = a.Cigen + (1-a). Cjgen

Cjgen+1 = a.Cjgen + (1-a). Cigen

Quando Cgen um indivíduo da geração dos pais, Cgen+1 um indivíduo da geração dos filhos, "a" o peso que rege o indivíduo dominante na reprodução e se situa entre 0 e 1.

Os seguintes parâmetros são utilizados em experiências:-

1. *Tamanho da população*: são experimentadas várias dimensões da população e as melhores são tomadas para comparação, ou seja, 10, 20, 50 e 100.

2. *Gerações*: o programa é executado com diferentes números de gerações e a análise de menos e mais gerações também é levada em consideração, ou seja, 100, 200, 500 & 1000.

3. *Codificação*: os cromossomas (casos de teste) são codificados em valores reais, pelo que é utilizado o esquema de codificação de valores do Algoritmo Genético.

4. *Selecção*: A selecção da roda de roleta é utilizada para o Algoritmo Genético, e a selecção aleatória é implementada para os Testes Aleatórios.

5. *Crossover*: número de cruzamentos disponíveis para a codificação do valor real, a partir do qual o cruzamento aritmético é aplicado com 0,7 de probabilidade.

6. *Mutação: a* mutação uniforme é aplicada em experiências com uma probabilidade de 0,1.

7. *Substituição*: A substituição simples do algoritmo genético ocorre, em que toda a nova população substitui a antiga.

4.2.2 Resultados e observações

Todas as entradas são retiradas do utilizador, para que os testes com diferentes parâmetros possam ser feitos facilmente. A codificação em MATLAB é anexada no apêndice I. A interface do utilizador durante a execução no MATLAB é a seguinte: -

INPUTOS:

Indique o nº de indivíduos em população : 100

Introduza o número de variáveis : 2

Entrar o Nº de Gerações : 200

Introduza os limites da 1ª variável :

Entrar no limite inferior : 10Enter no limite superior : 20

Introduza os limites da 2ª variável :

Entrar no limite inferior : 10   Introduzir o limite superior : 20

Com o Algoritmo Genético, os casos de teste gerados são como em baixo:

Quadro 4.1 Algoritmo Genético versus Teste Aleatório para BVA

Variáveis / Corridas	Algoritmo Genético		Testes aleatórios	
	Variável 1	Variável 2	Variável 1	Variável 2
1	19.20	9.92	6.67	14.65
2	11.78	19.58	9.75	18.78
3	21.4	10.3	11.23	15.6
4	20.1	11.90	18.87	6.56
5	8.7	19.3	6.98	7.45

As figuras 4.3 a 4.7 explicam estas experiências de ensaio.

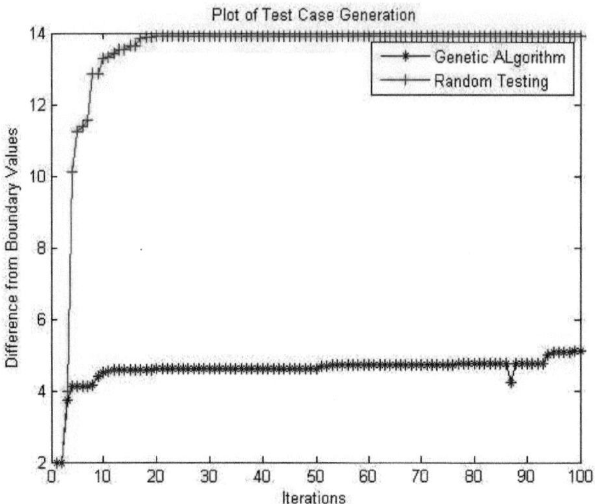

Figura 4.3: Algoritmo Genético versus Ensaio Aleatório Consulte a linha 1 do Quadro 4.1

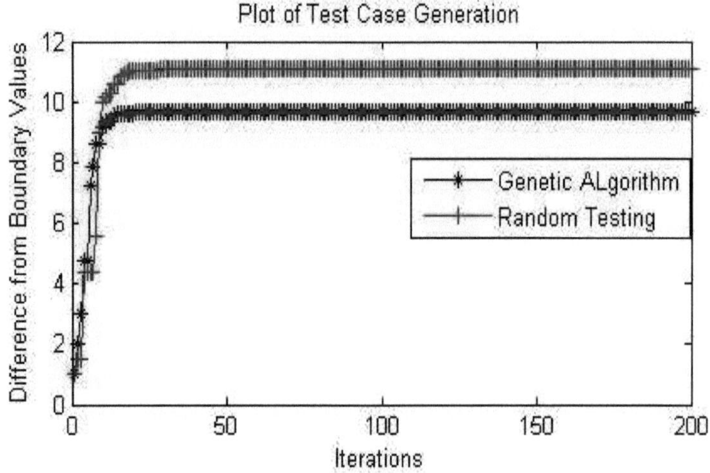

Figura 4.4: Algoritmo Genético versus Teste Aleatório Consulte a linha 2 do Quadro 4.1

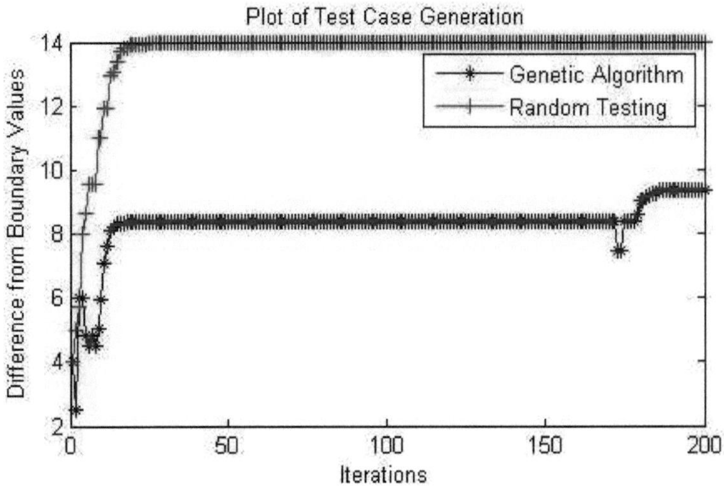

Figura 4.5: Algoritmo Genético versus Ensaio Aleatório Consulte a linha 3 do Quadro 4.1

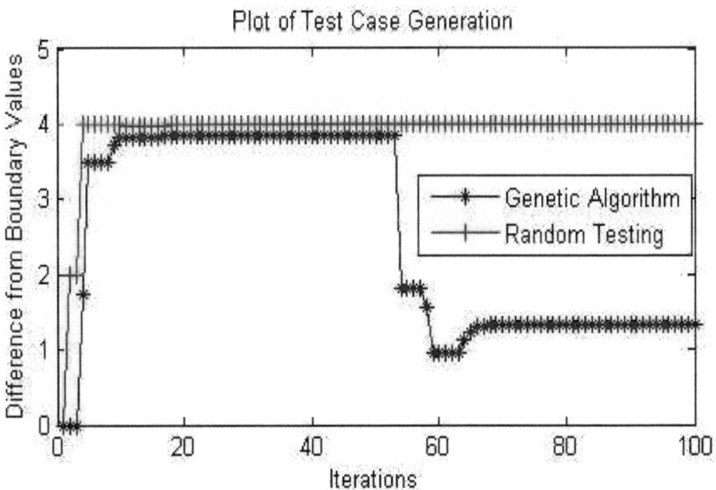

Figura 4.6: Algoritmo Genético versus Teste Aleatório Consulte a linha 4 do Quadro 4.1

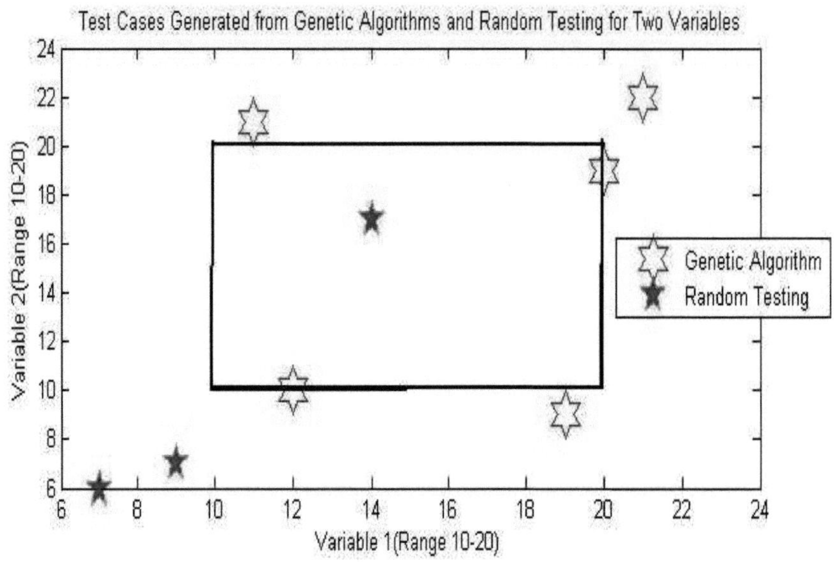

Figura 4.7: Resultados dos ensaios finais com Algoritmo Genético e Ensaios Aleatórios

É realizada outra série com os seguintes inputs:

INPUTOS:

Indique o nº de indivíduos em população : 20

Introduza o número de variáveis : 2

Entrar o Nº de Gerações : 200

Introduza os limites da 1ª variável :

Entrar no limite inferior : 5   *Introduzir o limite superior : 15*

Introduza os limites da 2ª variável :

Entrar no limite inferior : 10   *Introduzir o limite superior : 20*

RESULTADOS:

Com o Algoritmo Genético, os casos de teste gerados são como em baixo:

Quadro 4.2 Algoritmo Genético versus Teste Aleatório para BVA

Variáveis / Corridas	Algoritmo Genético		Testes aleatórios	
	Variável 1	Variável 2	Variável 1	Variável 2
1	14.14	12.79	14.00	14.93
2	6.68	9.84	10.95	12.39
3	16.63	15.88	10.34	15.34
4	16.96	10.98	11.88	16.96
5	6.50	9.52	8.11	12.72

A figura 4.8 à figura 4.12 explica estas execuções

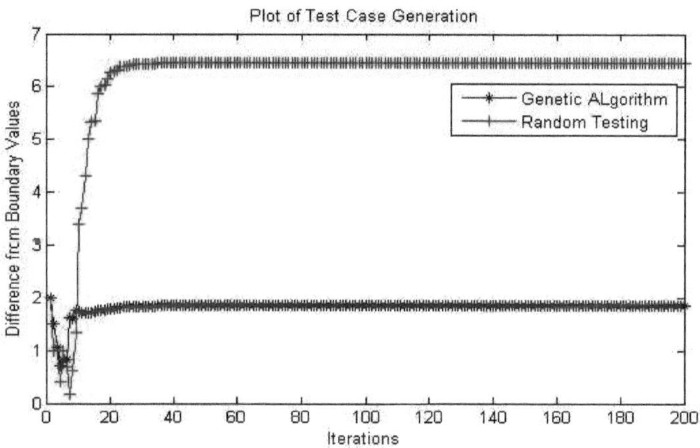

Figura 4.8: Algoritmo Genético versus Ensaio Aleatório Consulte a linha 1 do quadro 4.2.

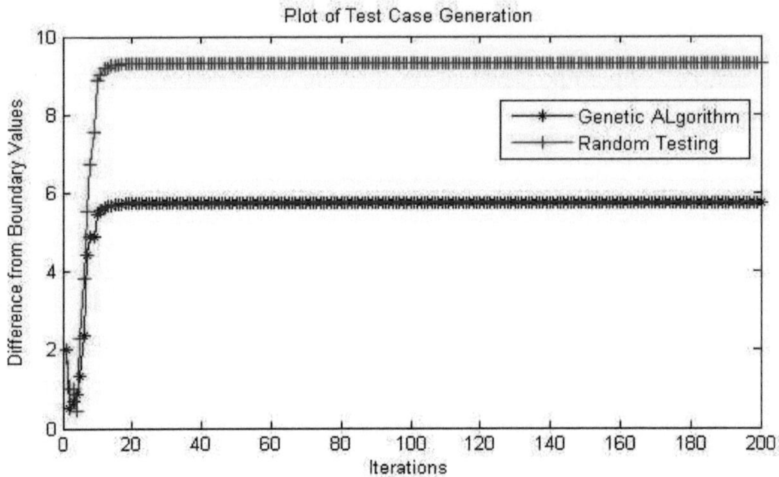

Figura 4.9: Algoritmo Genético versus Ensaio Aleatório Consulte a linha 2 do Quadro 4.2

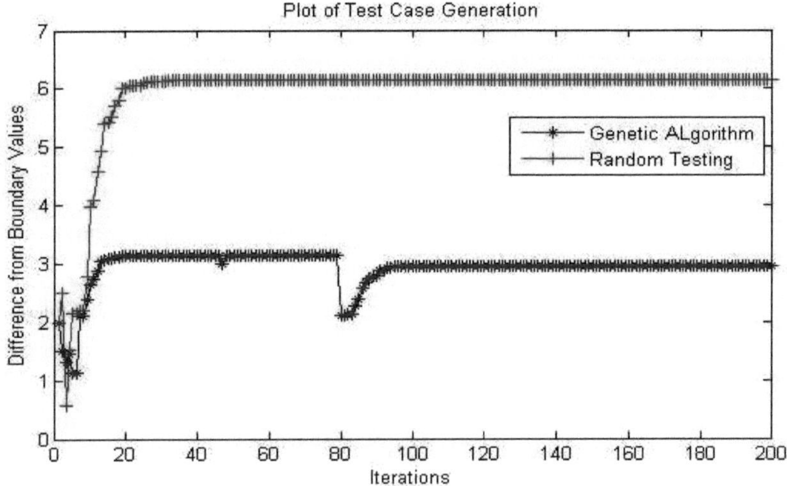

Figura 4.10: Algoritmo Genético versus Ensaio Aleatório Consulte a linha 3 do quadro 4.2.

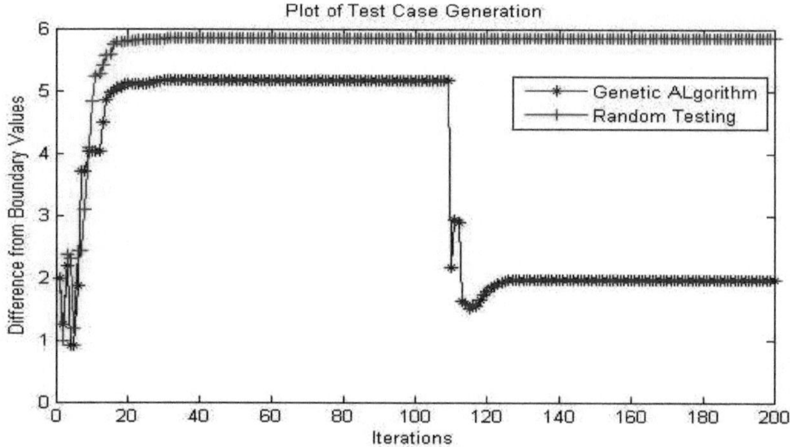

Figura 4.11: Algoritmo Genético versus Ensaio Aleatório Consulte a linha 5 do Quadro 4.2

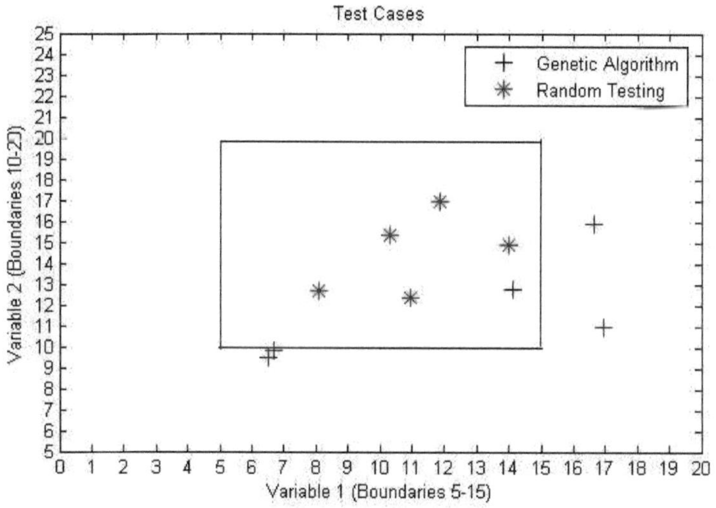

Figura 4.12: Resultados que mostram a análise final dos casos de ensaio

Numa experiência com três variáveis de entrada, o Algoritmo Genético mostra uma melhoria rápida em comparação com os Testes Aleatórios, como se segue:

INPUTOS:

Indique o nº de indivíduos em população : 20

Introduza o número de variáveis : 3

Entrar o Nº de Gerações : 200

Introduza os limites da 1ª variável :

Entrar no limite inferior : 5   Introduzir o limite superior : 15

Introduza os limites da 2ª variável :

Entrar no limite inferior : 3   Entrar no limite superior : 13

Introduza os limites da 3ª variável :

Entrar no limite inferior : 4   Inserir o limite superior : 14

Saídas:

Com o Algoritmo Genético, os casos de teste gerados são como em baixo:

Quadro 4.3 Casos de teste de Algoritmo Genético para BVA

Variáveis / Corridas	Variável 1	Variável 2	Variável 3	Número da figura
1	5.35	6.20	12.18	Figura 4.13
2	3.22	12.71	5.90	Figura 4.14
3	7.39	13.77	13.98	Figura 4.15
4	14.76	10.76	11.17	Figura 4.16
5	6.80	9.66	7.51	Figura 4.17

Enquanto para os testes aleatórios, os casos de teste gerados são os que se encontram abaixo:

Quadro 4.4 Casos de testes aleatórios para o BVA

Variáveis / Corridas	Variável 1	Variável 2	Variável 3	Número da figura
1	10.32	8.89	9.45	Figura 4.13
2	5.34	9.98	8.15	Figura 4.14
3	11.11	9.04	8.33	Figura 4.15
4	9.73	7.96	10.05	Figura 4.16
5	11.78	6.71	7.65	Figura 4.17

A figura 4.13 à figura 4.17 explica estas execuções

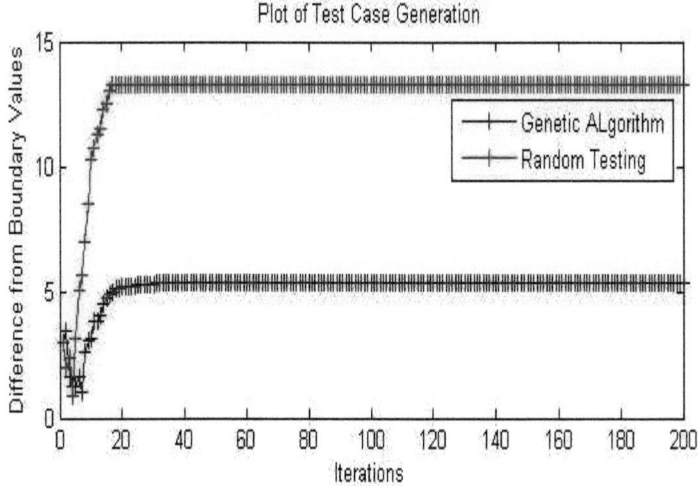

Figura 4.13 Resultados experimentais

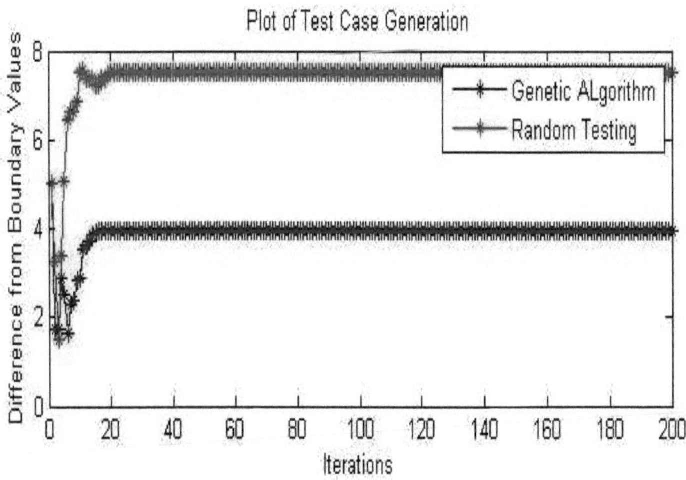

Figura 4.14 Resultados experimentais

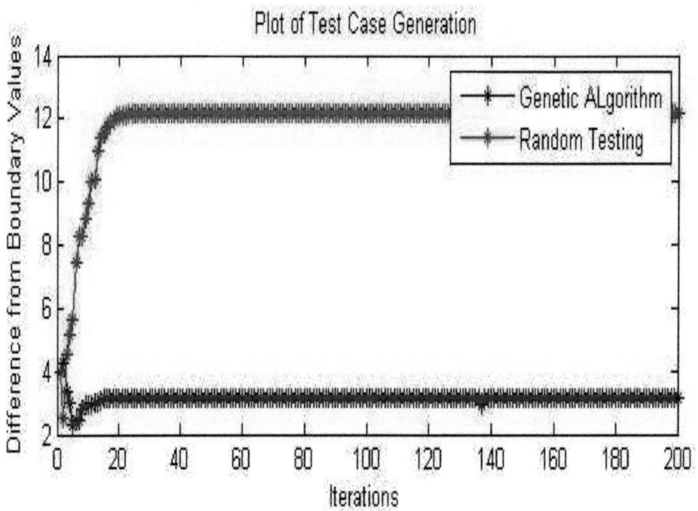

Figura 4.15 Resultados experimentais

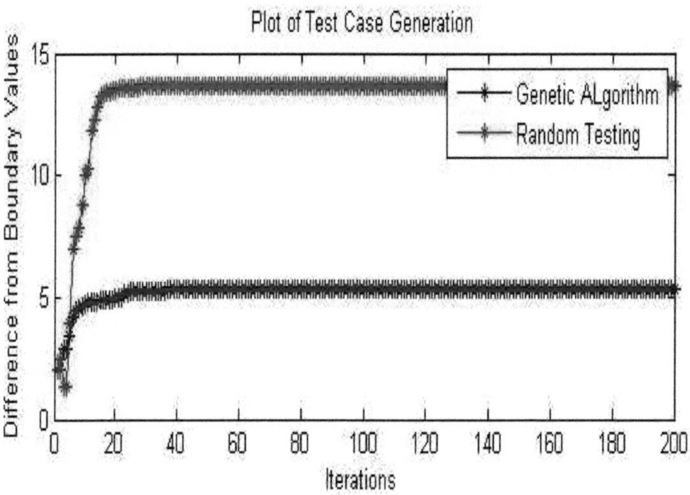

Figura 4.16 Resultados experimentais

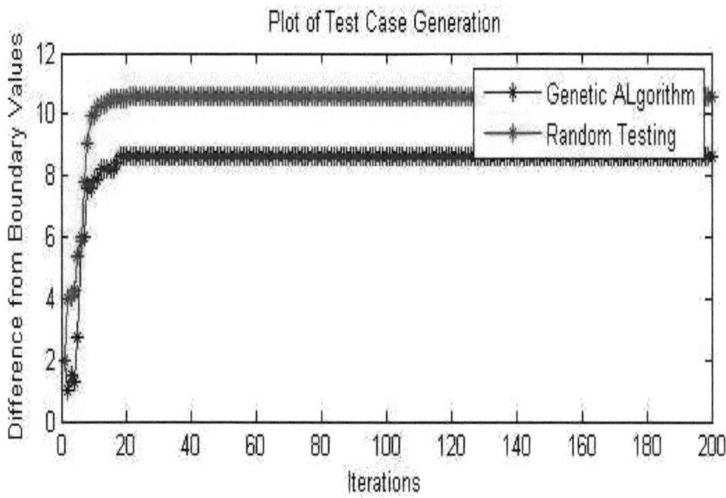

Figura 4.17 Resultados experimentais

De todas estas experiências e dos seus resultados, observou-se que o Algoritmo Genético pode ser utilizado com sucesso para gerar casos de teste automaticamente, de acordo com os critérios de adequação da análise do valor limite e mais sobre ele é melhor do que a abordagem de testes aleatórios.

4.3 Separação de Classes de Equivalência Reforçada

Os testes são um processo que tem de ser feito de forma eficaz. Os testes exaustivos não são possíveis devido à limitação de recursos. No passado, observa-se que os casos de teste se situam em classes diferentes. As classes de equivalência devem formar uma divisão do conjunto, em que a divisão se refere a um conjunto de subconjuntos desunidos mutuamente, em que a união é o conjunto completo. Isto tem duas implicações importantes para os testes de software: o facto de todo o conjunto estar representado proporciona uma forma de completude e desarticulação garante uma forma de não-redundância. Como os subconjuntos são determinados por uma relação de equivalência, os elementos de um subconjunto têm algo em comum. Assim, a ideia é identificar casos de teste, utilizando um elemento de cada classe de equivalência. Se as classes forem escolhidas de forma sensata, a redundância potencial nos casos de teste é muito reduzida. Por exemplo, para um caso de teste triangular equilátero, se se escolher (3, 3, 3) como caso de teste, então não se espera aprender muito com (6, 6, 6) ou (50, 50, 50). A chave do ensaio de classes de equivalência é a escolha da relação de equivalência, que divide as classes. Para efeitos de desenhos, será utilizada uma função

F de duas variáveis x1, x2 [Jorgenson (2002)]. Quando F é implementada são seguidos os limites e intervalos para os valores de x1 e x2: -

$$a \leq x1 \leq d, \text{ com intervalos } (a,b), (b,c), (c,d)$$

$$e \leq x2 \leq g, \text{ com intervalos } (e,f), (f,g)$$

Os valores inválidos para x1 e x2 são x1 < a, x1 > d e x2 < e, x2 > g.

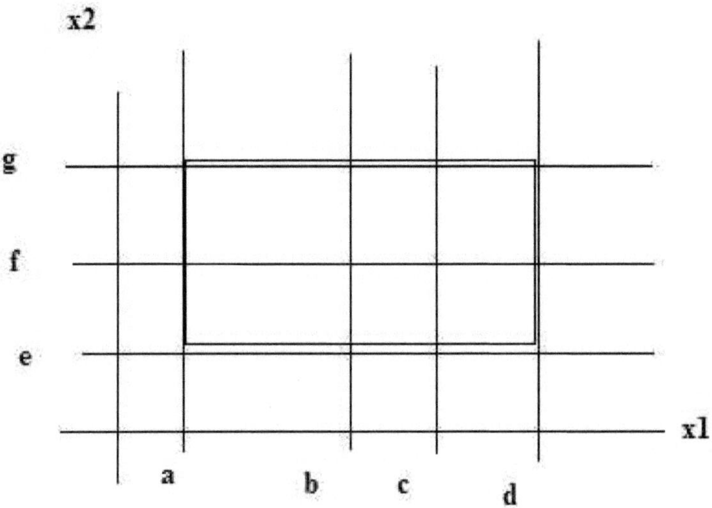

Figura 4.18: Separação de classes de equivalência para limites variáveis [Jorgenson (2002)]

Para um exemplo mais geral, as partições de classe de equivalência para um módulo de data seguinte, que devolvem a data imediatamente a seguir à data actual introduzida. Pode ser feito como abaixo:

É uma função de três variáveis e os limites são os seguintes: -

$$M1 = \text{mês } (1 <= \text{mês} <=12)$$
$$D1 = \text{data } (1 <= \text{data} <=31)$$
$$Y1 = \text{ano } (1951 <= \text{ano} <= 2051)$$

As classes de equivalência inválidas foram: -

$$M2 = \text{mês} < 1$$
$$M3 = \text{mês} > 12$$
$$D2 = \text{data} < 1$$
$$D3 = \text{data} > 31$$
$$Y2 = \text{ano} < 1951$$
$$Y3 = \text{ano} > 2051$$

Assim, os casos de ensaio robustos com ensaio de equivalência de classes podem ser como em baixo:

Quadro 4.5 Casos de teste robustos para ECP

Mês	Data	Ano	Observações
5	15	1962	Todas as entradas válidas
-1	15	1962	Classe M2
15	15	1962	Classe M3
5	-1	1962	Classe D2
5	45	1962	Classe D3
5	15	1900	Classe Y2
5	15	2100	Classe Y3

Nesta investigação, o investigador efectuou a identificação automática destes limites/intervalos através de algoritmos genéticos e testes aleatórios, comparando depois os resultados de ambas as técnicas. O algoritmo genético e os testes aleatórios começam ambos com alguma população inicial aleatória e depois o algoritmo genético utiliza a aptidão dos indivíduos para progredir em direcção aos óptimos, enquanto os testes aleatórios funcionam de forma aleatória ao longo de toda a corrida. Para esta experiência, a distância dos limites é tomada como a aptidão do cromossoma individual. Ao contrário da abordagem da análise do valor-limite, em que esta distância deve ser minimizada, aqui a distância ideal é a distância entre o limite e um ponto p, onde a localização de p deve estar algures no meio dos dois limites.

4.3.1 Algoritmo genético para geração de casos de teste

O algoritmo genético proposto para a geração de casos de teste para a partição de classes de equivalência é apresentado aqui. Em primeiro lugar, são discutidos os principais componentes do Algoritmo Genético e, em seguida, é apresentado o algoritmo geral.

No algoritmo genético proposto, a codificação do valor do algoritmo genético é utilizada no cromossoma, ou seja, são utilizados valores reais para representar as variáveis de entrada x1,x2,.... do programa. O comprimento do cromossoma depende do número de variáveis. A população inicial é gerada de forma aleatória com base na representação.

A adequação de cada cromossoma é determinada pela sua diferença em relação aos limites da variável. A distância ideal é a distância entre o limite e um ponto p, onde a localização de p deve estar algures no meio dos dois limites. Quanto mais próxima dos limites estiver uma variável, mais ela é declarada apta.

```
Fitness (popsize, chromLength, curpop)
      lBound = limite inferior da variável;
      uBound = limite superior da variável;
      centro = (lbound + ubound) / 2;
      diff = centro - l;

      para I = 1 para popsize
            para j = 1 até cromL comprimento
                  c1 = l  = l vinculado - dif;
                  c2 = l vinculado + dif;
                  c3 = ubound + diff;

                  diff1 = c1 - curpop(I,j);
                  diff2 = c2 - curpop(I,j);
                  diff3 = c3 - curpop(I,j);

                  moreClose = min(dif1, dif2,dif3);
                  fitness(i) = moreClose;
            fim
      fim
fim;
```

A selecção é feita para seleccionar os pais para reprodução. Há muitos métodos para fazer este processo. A roda de roleta e a selecção aleatória foram utilizadas em experiências com Algoritmos Genéticos e Testes Aleatórios, respectivamente.

(i) Selecção de Rank: Para a selecção de uma nova população relativamente à distribuição de probabilidades com base nos valores de aptidão, são-lhes associados graus de prioridade. O processo de selecção é baseado na selecção de elementos de tamanho pop_size. Obviamente, alguns cromossomas seriam seleccionados mais do que uma vez.

(ii) Selecção aleatória: Neste método, a selecção dos pais é feita de forma aleatória, para que cada membro efectivo da população actual tenha as mesmas hipóteses de ser seleccionado para recombinação.

Assumir que l membros da população actual foram eficazes, onde $l \leq pop\_size$.

Os pais são seleccionados da seguinte forma:

Isolar os membros efectivos e numerá-los de 1 a l;

Para i=1 para *pop_size* do

Começar em

Gerar um número inteiro j aleatório a partir do intervalo [0... l];

Seleccione o cromossoma vj entre os membros efectivos;

Fim Para;

Funciona a nível individual. Durante o cruzamento, dois progenitores (cromossomas) trocam informações de sub-cordas (material genético) numa posição aleatória no cromossoma para produzir duas novas cordas (descendência). O objectivo aqui é criar uma melhor população ao longo do tempo, combinando material de pares de membros (mais aptos) da população de progenitores. O crossover ocorre de acordo com uma probabilidade cruzada. A probabilidade de cruzamento pc dá-nos o número esperado pc - pop_size dos cromossomas, que são submetidos à operação de cruzamento. Isto é o seguinte:

Para cada cromossoma da (nova) população:

- Gerar um número r aleatório (float) a partir do intervalo [0... 1];

- Se r < pc, seleccionar um determinado cromossoma para o cruzamento.

Agora os pais seleccionados são acasalados aleatoriamente. Para cada par de pais seleccionados é utilizado um cruzamento aritmético com probabilidade de cruzamento 0,7. O operador aritmético cruzado define uma combinação linear de dois cromossomas [Michalewicz (1994)]. Dois cromossomas são seleccionados aleatoriamente para o cruzamento e produzem dois descendentes que são combinações lineares dos seus progenitores, de acordo com o seguinte cálculo:

Cigen+1 = a.Cigen + (1-a). Cjgen

Cjgen+1 = a.Cjgen + (1-a). Cigen

Quando Cgen um indivíduo da geração dos pais, Cgen+1 um indivíduo da geração dos filhos, "a" o peso que rege o indivíduo dominante na reprodução e se situa entre 0 e 1.

Os seguintes parâmetros são utilizados em experiências:-

1. *Tamanho da população*: são experimentadas várias dimensões da população e as melhores são tomadas para comparação, ou seja, 10, 20, 50 e 100.

2. *Gerações*: o programa é executado com diferentes números de gerações e a análise de menos e mais gerações também é levada em consideração, ou seja, 100, 200, 500 & 1000.

3. *Codificação*: os cromossomas (casos de teste) são codificados em valores reais, pelo que é utilizado o esquema de codificação de valores do Algoritmo Genético.

4. *Selecção*: A selecção da roda de roleta é utilizada para o Algoritmo Genético, e a selecção aleatória é implementada para os Testes Aleatórios.

5. *Crossover*: número de cruzamentos disponíveis para a codificação do valor real, a partir do qual o cruzamento aritmético é aplicado com 0,7 de probabilidade.

6. *Mutação: a* mutação uniforme é aplicada em experiências com uma probabilidade de 0,1.

7. *Substituição*: A substituição simples do algoritmo genético ocorre, em que toda a nova população substitui a antiga.

4.3.2 Resultados e observações

Todas as entradas são retiradas do utilizador, para que os testes com diferentes parâmetros possam ser feitos facilmente. A codificação em MATLAB é anexada no Apêndice II. A interface do utilizador durante a execução no MATLAB é a seguinte: -

Entradas:

Nº de indivíduos na população : 30, Nº de Variáveis : 2, N.º de Gerações : 500

limites da 1ª variável : Limite inferior : 5 e limite superior : 15

limites da 2ª variável : Limite inferior : 6 e limite superior : 16

Saídas: Com Algoritmo Genético, os casos de teste gerados são os seguintes:

Quadro 4.6 Algoritmo genético versus testes aleatórios para PCE

Variáveis / Corridas	Algoritmo Genético		Testes aleatórios	
	Variável 1	Variável 2	Variável 1	Variável 2
1	9.25	9.89	6.52	7.85
2	16.52	2.53	12.86	14.78
3	8.56	12.53	11.23	10.85
4	3.85	22.52	9.86	6.98
5	5.65	15.95	12.56	7.39

A Figura 4.19 a Figura 4.23 mostra os resultados destas execuções como em baixo:

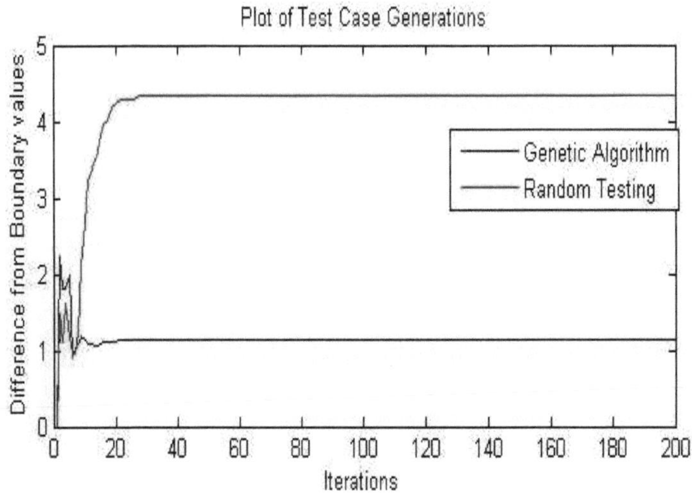

Figura 4.19: Algoritmo genético versus ensaios aleatórios referem-se à linha 1 do quadro 4.6.

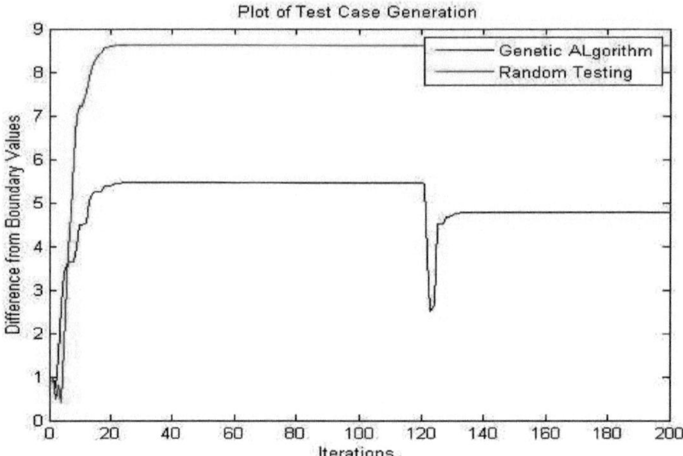

Figura 4.20: Algoritmo genético versus ensaios aleatórios referem-se à linha 2 do quadro 4.6

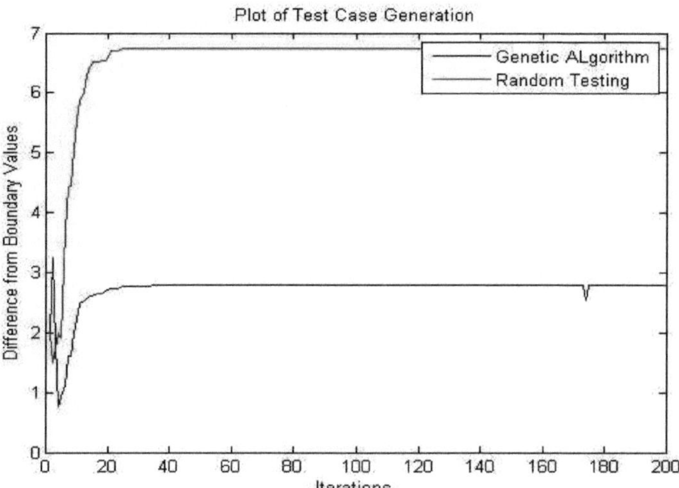

Figura 4.21: Algoritmo genético versus ensaios aleatórios referem-se à linha 3 do quadro 4.6

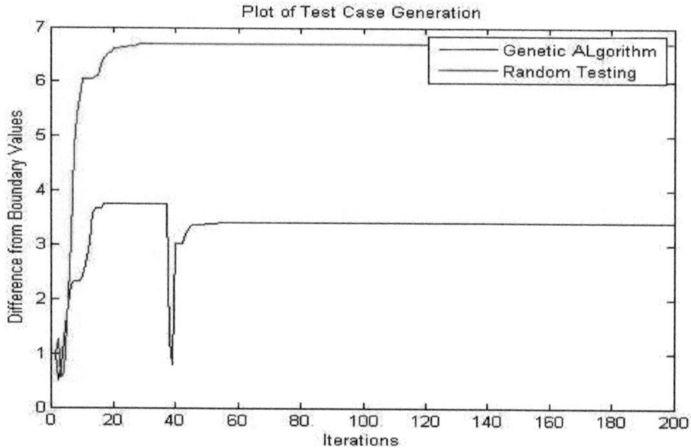

Figura 4.22: Algoritmo genético versus ensaios aleatórios referem-se à linha 5 do quadro 4.6

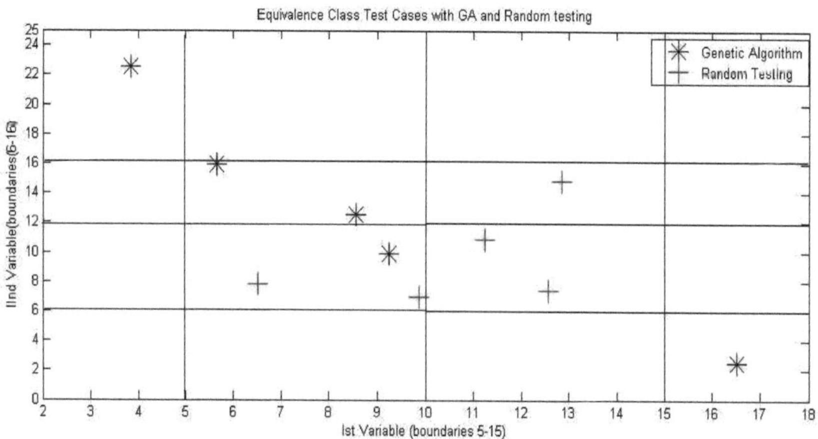

Figura 4.23: Resultados mostrando os casos finais de teste com Algoritmo Genético e testes aleatórios

Outra execução é realizada com as seguintes entradas e saídas:

Entradas:
Nº de indivíduos na população : 50, Nº de Variáveis : 2, N.º de Gerações : 500
limites da 1ª variável : Limite inferior : 10 e limite superior : 20
limites da 2ª variável : Limite inferior : 10 e limite superior : 20
limites da 3ª variável : Limite inferior : 10 e limite superior : 20
Saídas: Com algoritmo genético, os casos de teste gerados são os seguintes:

Quadro 4.7 Algoritmo genético versus testes aleatórios de PCE

	Algoritmo Genético			Testes aleatórios		
Variáveis / Corridas	Variável 1	Variável 2	Variáve l 3	Variável 1	Variável 2	Variável 3
1	10.2	11.5	9.9	9.1	8.4	16.7
2	19.5	10.3	8.9	8.0	12.7	24.5
3	12.4	11.6	19.8	19.8	12.4	11.5
4	12.8	9.7	18.7	11.7	14.5	7.8
5	10.7	20.8	19.7	18.6	11.6	23.6

A Figura 4.24 a Figura 4.27 explica estas execuções

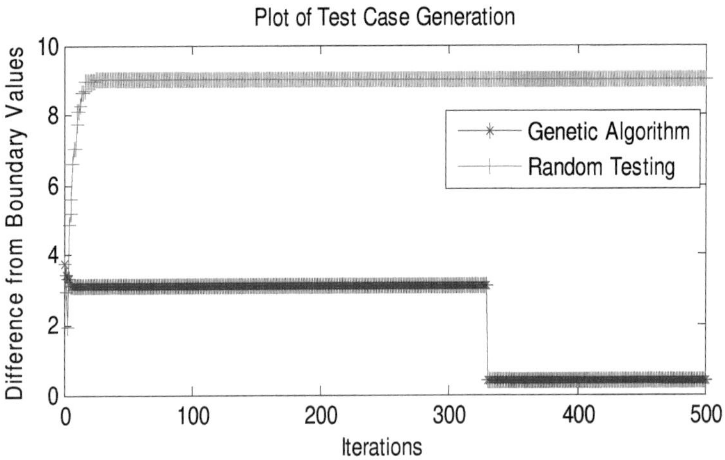

Figura 4.24: Algoritmo Genético versus Ensaio Aleatório Consulte a linha 1 do Quadro 4.7

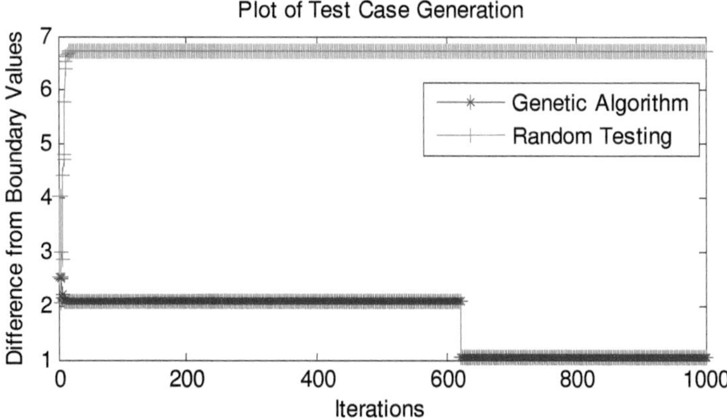

Figura 4.25: Algoritmo genético versus ensaios aleatórios referem-se à linha 2 do quadro 4.7

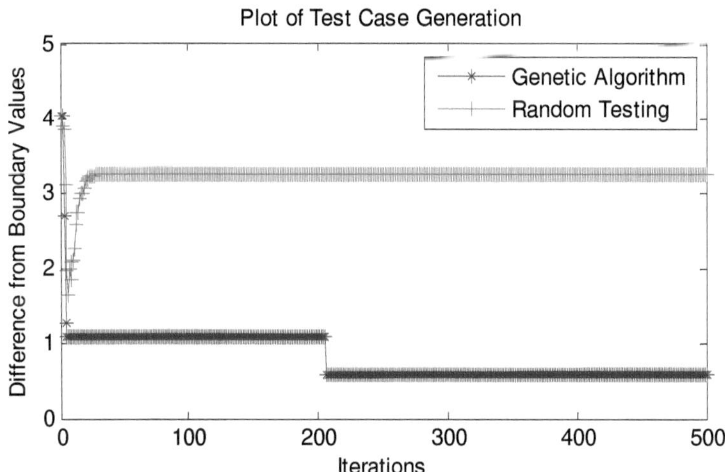

Figura 4.26: Algoritmo genético versus ensaios aleatórios referem-se à linha 3 do quadro 4.7

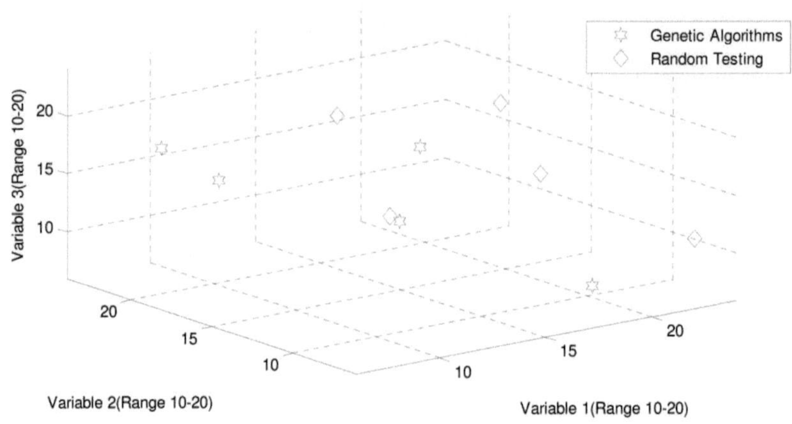

Figura 4.27: Resultados mostrando os casos finais de teste por Algoritmo Genético e testes aleatórios

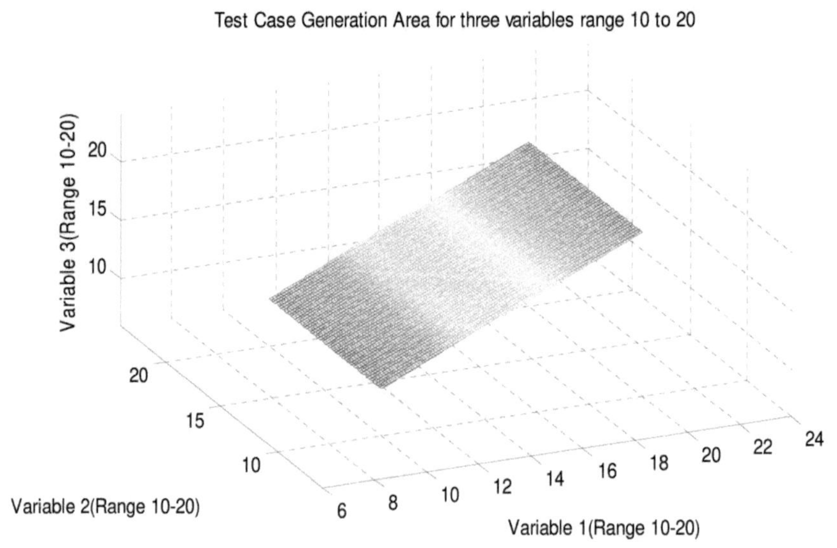

Figura 4.28: A área sob as três variáveis de acordo com os seus intervalos (10-20)

Numa experiência com três variáveis de entrada, o Algoritmo Genético mostra uma melhoria rápida em comparação com os Testes Aleatórios, como se segue:

INPUTOS:

Indique o nº de indivíduos em população : 50

Introduza o número de variáveis : 3

Indique o Nº de Gerações : 500

Introduza os limites da 1ª variável :

Entrar no limite inferior : 5   Introduzir o limite superior : 15

Introduza os limites da 2ª variável :

Entrar no limite inferior : 10   Introduzir o limite superior : 20

Introduza os limites da 3ª variável :

Entrar no limite inferior : 10   Introduzir o limite superior : 50

Saídas:

Com o Algoritmo Genético, os casos de teste gerados são como em baixo:

Quadro 4.8 Casos de teste de Algoritmo Genético para PCE

Variáveis / Corridas	Variável 1	Variável 2	Variável 3	Número da figura
1	5.35	26.20	32.18	Figura 4.29
2	13.22	12.71	55.90	Figura 4.30
3	17.39	13.77	13.98	Figura 4.31
4	14.76	8.76	15.17	Figura 4.32
5	6.80	19.66	7.51	Figura 4.33

Enquanto para os testes aleatórios, os casos de teste gerados são os que se encontram abaixo:

Quadro 4.9 Casos de testes aleatórios para o BVA

Variáveis / Corridas	Variável 1	Variável 2	Variável 3	Número da figura
1	10.32	8.89	19.45	Figura 4.29
2	5.34	9.98	8.15	Figura 4.30
3	11.11	19.04	28.33	Figura 4.31
4	9.73	7.96	10.05	Figura 4.32
5	11.78	16.71	7.65	Figura 4.33

A figura 4.29 à figura 4.33 explica estas execuções

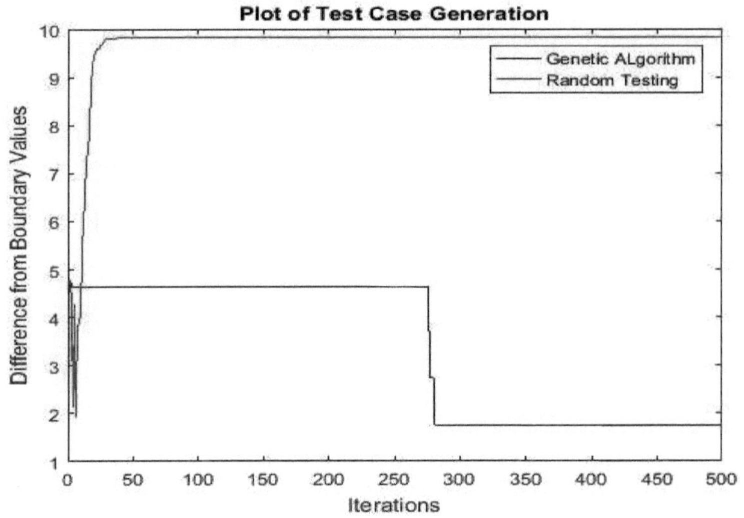

Figura 4.29 Resultados experimentais

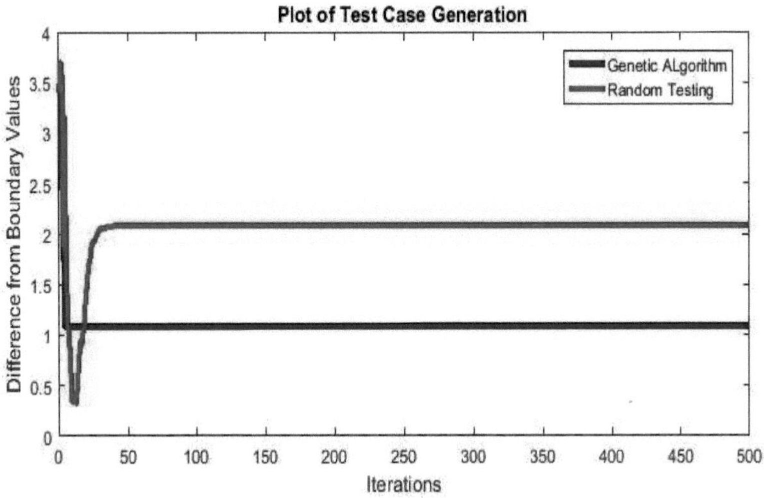

Figura 4.30 Resultados experimentais

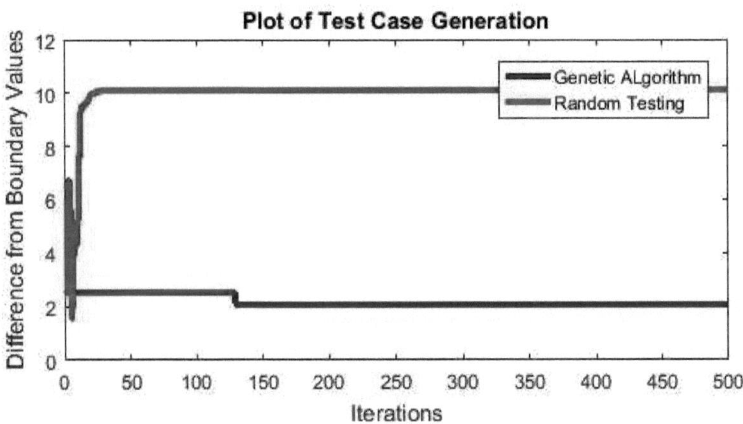

Figura 4.31 Resultados experimentais

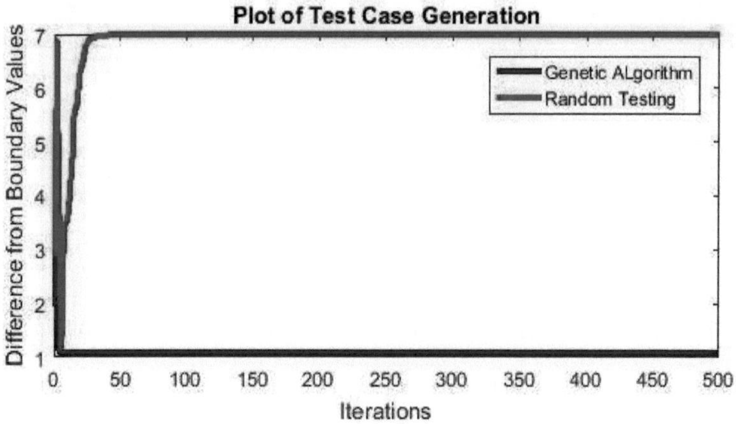

Figura 4.32 Resultados experimentais

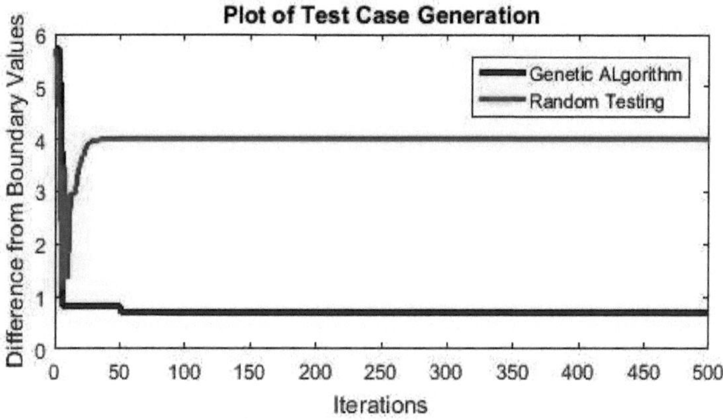

Figura 4.33 Resultados experimentais

O espaço problemático destas variáveis pode ser desenhado da seguinte forma: -

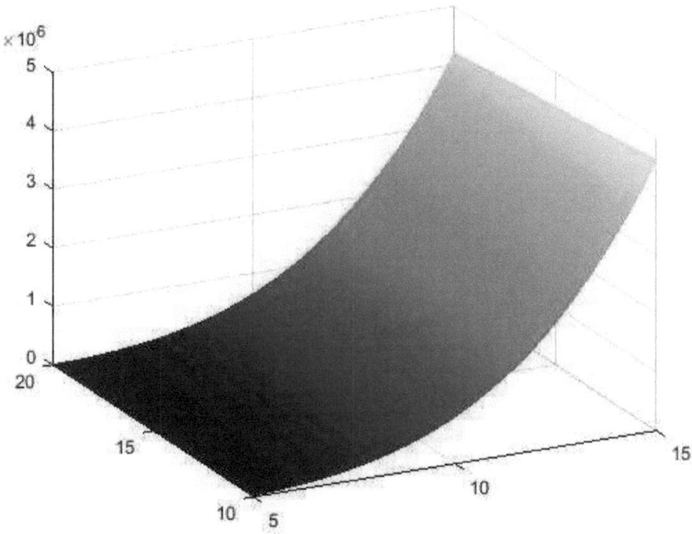

Figura 4.34 Espaço de solução para duas variáveis

É claramente visível a partir de experiências que testam casos com algoritmos genéticos repartidos por todas as classes, ao passo que os testes aleatórios geram casos de teste para um pequeno número de classes de equivalência. Assim, é possível utilizar algoritmo genético para gerar casos de teste automaticamente e obter casos de teste melhores e úteis como resultados.

4.4 Efeito em empresas baseadas em produtos e serviços

Para verificar a eficiência da abordagem de detecção e remoção de erros concebida, algumas empresas baseadas em produtos e serviços são inquiridas quanto aos seus métodos tradicionais e também sugeridas para utilizarem a abordagem proposta. A lista de empresas e os seus métodos tradicionais de concepção de casos de teste é apresentada a seguir: -

Quadro 4.9: Lista de empresas e instrumentos de teste

S.R No.	Nome da Empresa	Tipo de empresa	Ferramentas de teste
1	Testbytes	Baseado no produto	Silver Light, Watir
2	Amazonas Índia	Baseado em serviços	Weblssue
3	Crestech	Baseado em serviços	Selénio, Jmeter e Qtp e Lr
4	Mantra Laranja	Baseado no produto	Manual
5	Infogain Índia	Baseado no produto	Jitra, Automação
6	Human Internation Inia Pvt. Ltd	Baseado no produto	Caso teste, Jira
7	Ci India Pvt. Ltd.	Baseado no produto	Selénio, Ensaios de Automatização
8	Msg. Ai	Baseado no produto	Jira, Tracejo de Insectos
9	Árvore da Mente	Baseado em serviços/Produtos	Teste de Aplicações Web em Ruby(Watir)
10	Verisium Inc	Baseado em serviços/Produtos	Plataforma Alvo e Vcloudperformer
11	Laboratório de Investigação Hp	Baseado no produto	Httperf
12	Microsoft	Baseado em serviços/Produtos	Neoload
13	Lambdatest Com	Baseado no produto	Cresteen
14	Berpsuite	Baseado no produto	Manual
15	Medidor de Tochas	Baseado no produto	Lr E Qtp
16	Hp	Baseado no produto	Qc E Lr , Utf/Qtp
17	Apache	Baseado em serviços	Umeter e Appion
18	Atlassian	Baseado em Srevice	Uira, Louva-a-Deus, Bugzilla
19	Macromedia	Baseado em serviços	Taça Cofee
20	Grupo Acessa	Baseado em serviços/Produtos	Weblssue
21	Solução Caixa	Baseado em serviços	Selénio
22	Estúdios Dci	Baseado em serviços	Tbrun
23	Ligação suave	Baseado no produto	Cresteen

24	Sete Conhecimentos	Baseado em serviços	WebIssue
25	Ims	Baseado em produtos	Caso teste, Jira
26	Solução de Entrega de Informação	Baseado em serviços/Produtos	Teste de Aplicações Web em Ruby(Watir)
27	Berpsuite	Baseado em produtos	Berpsuite
28	Ruby On Rail	Baseado em serviços	Testrail For Testing Tool

Estas empresas concentram-se principalmente nas suas ferramentas de teste para produzir os melhores produtos e prestar melhores serviços. A abordagem proposta é experimentada nas suas instalações para efeitos de experimentação e estas empresas obtiveram muitos casos de teste melhores em pouco tempo para casos usados.

Tempo exigido por duas abordagens

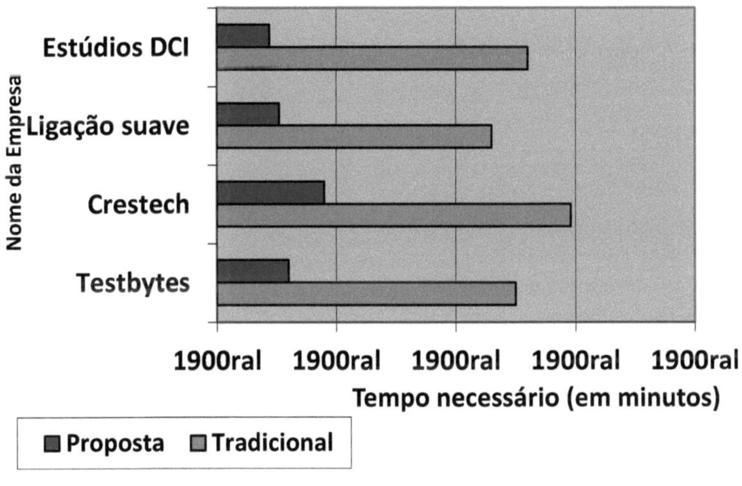

Figura 4.35: Tempo necessário para gerar casos de ensaio

Também a eficácia dos casos de teste gerados em comparação com casos de teste gerados anteriormente é representada na figura seguinte em termos de detecção de erros: -

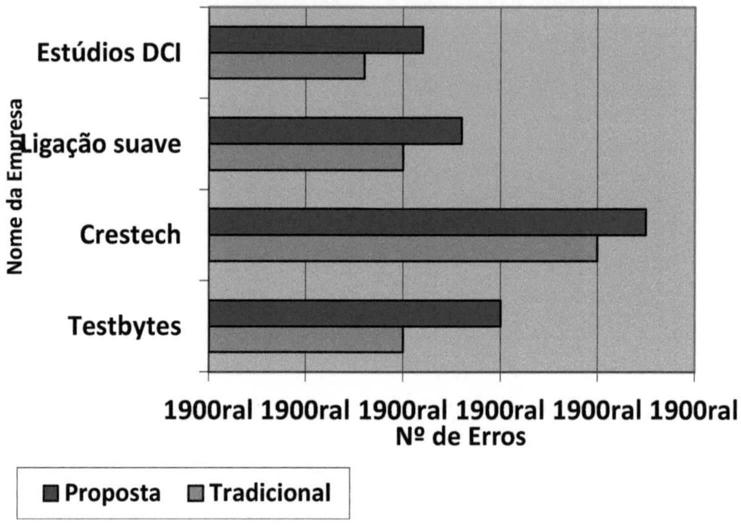

Figura 4.36: Número de erros detectados por ambas as abordagens

Resumo

Os testes de software são efectuados com determinados critérios de adequação. A análise do valor-limite é um deles. Tem-se observado que os programadores cometem mais erros nos limites das variáveis de entrada. Assim, tem sido discutido e tem sido proposta a geração automática de casos de teste para este critério. Os resultados globais mostram que os testes evolutivos são uma abordagem promissora para automatizar completamente a concepção de casos de teste para a técnica de análise de valores-limite de teste. Para aumentar a eficiência e a eficácia e, assim, reduzir o custo global de desenvolvimento de sistemas baseados em software, é necessário um gerador sistemático e automático de casos de ensaio. Os algoritmos genéticos procuram casos de teste relevantes no domínio de entrada do sistema em teste. Devido à automatização total da geração de casos de teste, a qualidade global do software é também melhorada em comparação com os testes aleatórios. O âmbito de aplicação da geração de casos de teste evolutivos pode ir mais longe do que o trabalho acima descrito. Outros campos de aplicação podem ser gráficos de fluxo de controlo, testes de trajectória, testes de esforço, etc. Na verdade, cada técnica de teste pode ser implementada utilizando a geração automática de casos de teste de Algoritmos Genéticos.

Os resultados globais mostram que os ensaios evolutivos são uma abordagem promissora para a automatização total da concepção de casos de ensaio para a técnica de repartição de classes de equivalência. Para aumentar a eficiência e a eficácia e, assim, reduzir o custo global de desenvolvimento de sistemas baseados em software, é necessário um gerador sistemático e automático de casos de ensaio. Os algoritmos genéticos procuram casos de teste relevantes no domínio de entrada do sistema em teste. Devido à automatização total da geração de casos de teste, a qualidade global do software também é melhorada em comparação com a utilização de testes aleatórios. O âmbito de aplicação da geração de casos de teste evolutivos pode ir mais longe do que o trabalho acima descrito. Outros campos de aplicação podem ser gráficos de fluxo de controlo, testes de trajectória, testes de esforço, etc. Na verdade, cada técnica de teste pode ser implementada utilizando a geração automática de casos de teste de Algoritmos Genéticos.

CAPÍTULO 5: RESULTADOS, CONCLUSÃO E RECOMENDAÇÕES

Os testes de software são uma preocupação do desenvolvimento de software que consome o máximo esforço de tempo e custo global do software. Os testes não são uma actividade simples. Há um grande número de entradas possíveis para cada uma das variáveis do programa utilizadas no programa. O desenho de casos de teste de software é a principal tarefa do teste, no qual alguns dos inputs do domínio foram seleccionados para testar o software em teste. Estes inputs foram executados no programa e os resultados foram examinados. Se os casos de teste foram adequados para expressar todos os casos de valores de entrada, há mais chances de encontrar as falhas no programa, mas se os casos de teste não forem suficientes, então as falhas passarão despercebidas e se propagarão com o produto final, o que mais tarde resultará em falha. Pode inferir-se que os testes dinâmicos mostram a presença de falhas, mas não se pode certificar a sua ausência.

5.1 Constatações

A principal preocupação nos testes é a concepção dos casos de teste. Um caso de teste pode ser definido como uma entrada para o programa, que será alimentada no programa e os resultados foram inspeccionados. Se os resultados estiverem de acordo com as especificações, então o software passa no teste, caso contrário infere-se que existem falhas de software. No passado, existem muitas técnicas adoptadas para automatizar este processo de geração de casos de teste, como testes aleatórios, testes anti-random e testes aleatórios adaptativos, etc. Foi observado que os casos de teste concebidos com estas técnicas eram bons mas não satisfaziam alguns critérios de adequação.

Algoritmos evolutivos foram um tema quente para problemas de optimização num passado recente, & os testes podem ser vistos como um problema de optimização. Estes são algoritmos que se baseiam no conceito de evolução. O algoritmo genético é um exemplo de algoritmos evolutivos. O algoritmo genético é baseado na teoria da evolução de Charles Darwin; descreve o princípio da selecção natural por *"Survival of Fittest"*. O algoritmo genético imita o processo de evolução e segue o processo de selecção natural. Neste processo de imitação, o algoritmo genético permite que populações de potenciais soluções para problemas de Optimização morram ou se reproduzam com variações gradualmente se adaptando ao seu ambiente.

As ideias de Darwin sobre os princípios da vida podem ser resumidas pelos três princípios básicos seguintes:

1. Existe uma população de indivíduos com diferentes propriedades e capacidades. Existe um limite máximo para o número de indivíduos de uma população.

2. A natureza cria novos indivíduos com propriedades semelhantes às dos indivíduos existentes.

3. Os indivíduos promissores são seleccionados com mais frequência para reprodução por selecção natural.

O algoritmo genético pode ser usado para gerar fatos de teste para uma determinada especificação, e estes podem ser considerados como casos de teste para testar os programas com base nestas especificações. No passado, observa-se que os casos de teste se encontram em classes diferentes, e os programadores cometem mais erros em algumas classes de casos de teste. Algumas classes importantes destas são valores-limite, classes de equivalência, etc., há mais hipóteses de o software falhar nos limites. A geração automática de casos de teste deve concentrar-se neste tipo de classes de casos de teste, que são mais cruciais para o software. Os valores-limite de um programa são descritos como limites de entrada das variáveis utilizadas no programa.

Quando aplicar os testes evolutivos:

Tendo em mente os prós e os contras dos testes evolutivos (ET), há algumas situações em que é idealmente útil. Segue-se uma lista que sugere várias ideias sobre a melhor forma de incorporar a ET na abordagem global dos testes:

1. *Entra um novo testador*: ET torna a fase de aprendizagem uma experiência activa e exploratória para os recém-chegados.

2. *Avaliação rápida*: A ET oferece uma visão rápida da qualidade do software a curto prazo, quando não há tempo para a preparação dos casos de teste.

3. *Surgem novas informações durante a execução de testes com scripts:* A nova informação poderá sugerir outra estratégia de testes que justifique a mudança para um modo exploratório.

4. *Validação do trabalho de outro testador:* ET permite-lhe explorar a funcionalidade que ele/ela testou.

5. *A equipa inclui testadores com elevado conhecimento de domínio:* Esses indivíduos podem ser confiáveis para realizar testes eficazes usando ET.

6. *Não existe uma base de ensaio:* ET é útil quando não há documentação ou outras fontes que possam definir resultados claros e esperados para os testes.

7. *É um teste beta:* em que os utilizadores são convidados a fornecer um feedback precoce sobre um protótipo ou uma versão de teste preliminar.

O algoritmo genético foi utilizado para gerar casos de teste para este tipo de classes, e os resultados foram comparados com outras técnicas. Observou-se que os casos de teste gerados pelo algoritmo genético eram mais promissores do que os testes aleatórios nestes critérios de adequação. A geração de casos de teste não é a única actividade nos testes. Estes casos de teste precisam de ser executados no programa e os resultados finais serão verificados. Este processo deve também ser automatizado.

5.1.1 Impacto nas organizações baseadas em produtos e serviços

Todos os tipos de empresas de desenvolvimento de software têm de garantir a qualidade dos seus produtos ou serviços. Os testes de software são feitos desta forma. Mas para completar todos os testes, existem muitos obstáculos como orçamento, tempo, etc. Assim, tornar os testes mais rápidos tornará o processo exequível. Fazer este tipo de actividade por seres humanos é também muito susceptível de erro. Portanto, é necessário automatizar esta actividade. Neste trabalho, a automatização dos testes de software tem sido proposta utilizando a técnica de optimização mais conhecida, ou seja, o Algoritmo Genético. Também foi proposto um novo modelo para melhorar os resultados. Para as empresas baseadas em produtos, devem assegurar que o utilizador tenha o produto certo no momento certo. Também para as empresas baseadas em serviços, o objectivo é satisfazer as necessidades do cliente a tempo e com a melhor qualidade possível.

Para estes dois tipos de empresas, podemos adoptar o modelo proposto para tornar as coisas rápidas e melhores. Podemos utilizar a técnica de blocos de recuperação e a geração automática de casos de teste para gerar os melhores fatos de teste. Estes fatos de teste irão aumentar a confiança da empresa nos seus produtos. Além disso, o modelo proposto irá completar todo o processo num curto espaço de tempo.

Muitos programas podem ser testados automaticamente utilizando a abordagem proposta, o que agilizará o processo de desenvolvimento de software. Para as empresas baseadas em serviços, as coisas serão muito melhores se elas prestarem os melhores serviços possíveis. Por isso, devem testar os seus processos internos para obterem melhores serviços. Desenvolver o programa de contador para cada programa é também uma tarefa desafiadora, que pode ser tomada como um âmbito futuro deste trabalho. No futuro, podemos identificar vários quadros e tecnologias que ajudem a desenvolver estes blocos de recuperação.

A elevada disponibilidade ou 99,999% (5 noves) de tempo de funcionamento é crítica não só para aplicações militares e de segurança crítica, mas também para muitas aplicações comerciais. O funcionamento fiável destes sistemas é uma preocupação fundamental para os milhões de utilizadores que dependem destes sistemas todos os dias e mesmo as mais pequenas avarias podem ter consequências graves. Infelizmente, a execução de testes de sistema apenas nestas aplicações não resultará numa cobertura a 100%. Muitas das funções contêm frequentemente códigos de tratamento de erros que são difíceis ou impossíveis de estimular utilizando a aplicação totalmente integrada. A solução óptima requer que também se efectuem testes unitários e de integração.

Os produtos são regidos pela concorrência e pelas obrigações comerciais, mas quando se trata de um serviço é regido por contrato/acordo. Isto conduz a diferenças no teste de agilidade e flexibilidade. Quando se presta um serviço, a atenuação/gestão do risco é da maior preocupação, mas para um produto tudo o que é importante são os objectivos comerciais e a rapidez com que estes são alcançados. Testar um produto é pensar no utilizador final e garantir que a experiência é óptima, enquanto em serviço, testar é garantir que o software está de acordo com as especificações.

O objectivo mais importante de melhorar os sistemas empresariais é melhorar a experiência do cliente. Qualquer tempo de inactividade, seja por actualização do código ou por uma falha do servidor devido a software defeituoso, terá um efeito negativo. Algumas organizações de desenvolvimento consideram os testes de software um "luxo". No entanto, os defeitos em aplicações críticas para o negócio podem derrubar um sistema com resultados potencialmente desastrosos - tanto para a empresa como para o utilizador final. Com um software completamente testado, uma empresa ganha uma vantagem competitiva, bem como a tranquilidade de que as operações decorrerão sem problemas.

Assim, para que a experiência do utilizador seja a melhor, todas as empresas precisam de se concentrar nas suas estratégias de teste. Neste trabalho, a investigação tentou tornar o processo de teste automático, que será melhor tanto para organizações baseadas em produtos como para organizações baseadas em serviços. Podem seguir o modelo proposto nesta investigação e tornar o teste do software uma tarefa fácil e melhor.

5.2 Conclusões

No modelo proposto os casos de teste serão gerados automaticamente usando Algoritmo Genético satisfazendo alguma função de adequação, ou seja, análise do valor-limite, partição de classe de equivalência, etc. & serão alimentados com Nversões do módulo (redundantes e diversificadas). Os resultados por eles gerados serão comparados & em caso de desacordo a unidade defeituosa será identificada com base na maioria.

A ideia de modelo foi retirada da técnica dos blocos de recuperação. Os blocos de recuperação foram introduzidos pela primeira vez por Horning e seus companheiros de equipe. Este esquema é análogo ao esquema de espera a frio para tolerância a falhas de hardware. Basicamente, nesta abordagem, múltiplas variantes de software que são funcionalmente equivalentes são implementadas de forma redundante no tempo. Um *teste de aceitação* é usado para testar a validade do resultado produzido pela versão primária. Se o resultado da versão primária for aprovado no teste de aceitação, este resultado é comunicado e a execução pára. Se, por outro lado, o resultado da versão primária falhar no teste de aceitação, é invocada outra versão de entre as versões múltiplas e o resultado produzido é verificado pelo teste de aceitação. A execução da estrutura não pára até que o ensaio de aceitação seja aprovado por uma das versões múltiplas ou até que todas as versões tenham sido esgotadas. As diferenças significativas na abordagem por blocos de recuperação da programação por N-versão são que apenas uma versão é executada de cada vez e a aceitabilidade dos resultados é decidida por um teste e não por votação por maioria. A técnica dos blocos de recuperação tem sido aplicada a sistemas reais e tem sido a base da estrutura de blocos de recuperação distribuídos para integrar a tolerância a falhas de hardware e software e a estrutura de blocos de recuperação distribuída alargada para aplicações de comando e controlo. No segundo modelo proposto, os casos de teste são gerados utilizando Algoritmo Genético & alimentado ao programa P em teste, a saída do P será alimentada ao programa P', o complemento de P, & a saída de P' será comparada às entradas de P, e em caso de desacordo pode-se inferir que P ou P' é uma unidade defeituosa.

Ambos os modelos foram analisados com algum software em teste (SUT) como a data seguinte e a data anterior de uma determinada data, factorial de um número e número de um factorial.

Os testes de software consomem o máximo de esforços em comparação com qualquer outro processo de desenvolvimento de software. Como o software se tornou a parte da vida e quase todas as actividades da vida diária são controladas e influenciadas pelo software, a falha do software não é mais um comportamento aceitável. As experiências com técnicas de ensaio concluem que nenhum critério de adequação é suficiente e que os ensaios exaustivos não são possíveis devido ao enorme espaço de estado. Assim, duas coisas são finalmente concluídas (i) há uma necessidade de testes automáticos & (ii) os testes são um problema de optimização. Na tese foi feito um esforço para alcançar ambos os objectivos usando o Algoritmo Genético para a geração automática de casos de teste e foram propostos dois modelos e o desempenho é comparado com a geração automática de casos de teste usando testes aleatórios. No futuro, o trabalho pode ser realizado através da combinação de técnicas de pesquisa local também em algoritmo genético para melhorar ainda mais o desempenho.

5.3 Recomendações

Algumas observações comuns dos modelos implementados são as seguintes:

1. Funcionará em modo sequencial.

2. Funciona apenas dois programas, o programa principal e o programa complementar.

3. O modelo é um tipo especializado de modelo.

4. São necessários muito poucos esforços para implementar este modelo.

Assim, para organizações baseadas em produtos e organizações baseadas em serviços, o modelo proposto pode funcionar como um perfeito solucionador de problemas. Com a ajuda dele, a qualidade do produto será verificada automaticamente em busca de erros e a sua detecção também. O modelo pode ser verificado para casos maiores de problemas para verificar a sua correcção em casos maiores em ambos os tipos de organizações.

Bibliografia

1. Affenzeller, M., Winkler S. e Wagner S., (2009) *"Genetic Algorithms and Genetic Programming: Modern Concepts and Practical Applications"*, Chapman-Hall CRC, ISBN-1584886293

2. Angeline, P.J., (1996) *"Genetic Programming's Continued Evolution"*, Advances in Genetic Programming, Vol.2, ed Cambridge, MA MIT Press, pp 1-20.

3. Avizienis A., *"Fault-Tolerance and Fault-Intolerance": Complementary Approaches to Reliable Computing"*, Proc. 1975 Int. Conf. Reliable Software, pp. 458-454.

4. Avizienis A., *"Fault-Tolerant Computing": Progress, Problems and Prospects Information Processing 77"*. (Proc. IFIP Congress 1977, pp. 405-420.

5. Avizienis A., *"The Methodology of N-version Programming"*, Software Fault Tolerance, editado por M. Lyu, John Wiley & Sons, 1995.

6. Voltar, T., U. Hammel, e H.-P. Schwefel (1997), "Evolutionary computation: Comments on the history and current state", *IEEE Transactions on Evolutionary Computation 1*(1), 3-17

7. Bandyopadhyay, S., S. K.Pal e U.Maulik, (1998) Incorporating chromosome differentiation in genetic algorithms, *Information Sciences*, 104, pp 293-319.

8. Beizer B. *"Técnicas de Teste de Software"*. Van Nostrand Reinhold, 2ª edição, 1990.

9. Beasley, D., Bull D.R. e Martin R.R. (1993a) An Overview of Genetic Algorithms: Part 1, Foundations, University Computing, Vol.15, No.2, pp58-69.

10. Beasley, D., Bull D.R. e Martin R.R. (1993b) An Overview of Genetic Algorithms: Part 2, Research Topics, University Computing, Vol.15, No.4, pp 170-181.

11. Berndt D. et al. (2003), "Breeding Software Test Cases with Genetic Algorithms", IEEE Proceedings of the Hawaii International Conference on System Science, Hawaii.

12. Bertolino, A.: "An overview of automated software testing", Journal Systems

Software, Vol. 15, pp. 133-138, 1991

13. Bicevskis J. et al. (1979) "*SMOTL-A system to build samples for data processing program debugging*", IEEE Trans. Sofrware Engineering., Vol. SE-5, No. 1, pp. 60-66.

14. Boyer R., Elspas B., & Levitt K. (1975) SELECT-A *formal system for testing and debugging programs by symbolic execution", SIGPLAN* Notices, Vol. 10, No. 6, pp. 234-245.

15. Cai, X, Lyu M. R. e Vouk M. A. "Experimental Evaluation of Reliability Features of N-Version Programming". Proc. 16th IEEE Intl. Symp. on Software Reliability Engineering, Nov. 2005, pp 161-170.

16. Caruana, R.A. e J.D. Schaffer, (1988) Representação e enviesamento oculto: Gray versus binary coding in genetic algorithms, *Proceedings of 5th Int. Conf. on Machine Learning* (Ann Arbor, MI, 1988) ed. J Laird (San Mateo, CA: Morgan Kaufmann), pp 153-161.

17. Chambers, L., Ed. (2000), *The Practical Handbook of Genetic Algorithms:Applications, Second Edition*, Chapman & Hall / CRC.

18. Chen L., Avizienis A., "*N-Version Programming": A Fault-Tolerance Approach to Reliability of Software Operation*", Digest of Papers FTCS-8: Eight Annual International Conference on Fault-Tolerant Computing, Toulouse, pp. 3-9 (Junho de 1978).

19. Chen L., Avizienis A., "*N-Version Programming": A Fault-Tolerance Approach to Reliability of Software Operation*", Fault-Tolerant Computing, 1995, ' Highlights from Twenty-Five Years', Twenty-Fifth International Symposium on, Vol., Iss., 27-30 Jun 1995, Pages:113

20. Clarke L. (1976) *Um sistema para gerar dados de teste e executar simbolicamente Programas.* IEEE Trans. Sofrware Engineering, vol. SE-2, no. 3, pp. 215-222.

21. Cobb H.G. e J.J. Grefenstette, (1993) Genetic algorithms for tracking changing environments, In S.Forrest (Ed.) *Proceedings of the Fifth International Conference on Genetic Algorithms,* San Mateo CA Morgan Kaufmann, pp 523-530.

22. Cohen, D., M. et al. (1997) *An approach to testing based on combinatorial design*. IEEE Transactions on Software Engineering,23(7) pp437-444.

23. Copeland Lee, (2004): "*A Practitioner's Guide to Software Test Design*", STQE Publishing.

24. Coward, P. D.: "Symbolic execution systems - a review" Software Engineering Journal, pp. 229 - 239, Novembro de 1988.

25. Daniels, F., K. Kim e M. Vouk. "*O Padrão Híbrido de Confiança": Um Padrão Generalizado de Design Tolerante a Falhas de Software*". Apresentado na PLoP 1997, Monticello, IL. Setembro de 1997. [http://hillside.net/plop/plop97/Workshops.html].

26. Darwin, Charles (1859) *The Origin of Species by Means of Natural Selection, or the Preservation of Favoured Races in the Struggle for Life,* John Murray, Londres.

27. De Jong, K.A., (1975) An Analysis of the behavior of a class of genetic adaptive systems. (Tese de doutoramento, Universidade de Michigan), 36(10), 5140B (University Microfilms No. 76-9381).

28. De Jong, K.A. e J.Sarma (1993) Generation Gaps revisited. In D. L. Whitley (ed.) *Foundations of Genetic Algorithms 2*, Morgan Kaufmann, pp 19-28.

29. Deason, W. H., Brown, D. B., Chang, K. H., e II, J. H. C. (1991). "*A Rule-Based Software Test Data Generator". IEEE Trans. on Knowl. and Data Eng.* , 3(1):108–117.

30. Deb, Kalyanmoy, (1997) *Handbook of Evolutionary computation,* versão 97/1. Oxford University Press.

31. Delamaro M. E., J. C. Maldonado & Mathur A. P.(1996): Integration Testing Using Interface Mutation, Proceedings of the Seventh International Symposium of Software Reliability Engineering (ISSRE'96), White Plains, NY, pp.112-121.

32. DeMillo R. A., McCracken W. M., Martin R. J. e Passafiume J. F.: "Software testing and evaluation", 1987

33. Dijkstra, E. W., Dahl, O. J., Hoare, C. A. R.: "*Structured programming*", Academic Press., 1972.

34. Duran J. W. e Ntafos S. C.: "An Evaluation of Random Testing", IEEE

Transactions on Software Engineering, Vol. SE-10, No. 4, pp. 438-444, Julho de 1984.

35. Duran, J. W. e Ntafos S., "A report on random testing", Proceedings 5th Int. Conf. on Software Engineering, realizada em San Diego C.A., pp. 179-83, Março de 1981.

36. Eiben, A. E. & Smith, J. E. (2003): Introduction to Evolutionary Computing (Introdução à Computação Evolutiva). Springer.

37. Fenton, P. e P. Walsh (2005) Improving the performance of the repeated permutation representation using morphogenic computation and generalized modified order crossover, In *Proceedings of Congress on Evolutionary Computation 2005*, pp 1372-1379.

38. Ferguson, R. & Korel, B. (1996) The *chaining approach for software test data generation.* ACM Transactions on Software Engineering and Methodology, 5(1):pp63-86.

39. Fletcher, Roger, (1980) *Practical Methods of Optimization. Volume 1: Unconstrained Optimization* (v. 1), John Wiley & Sons Ltd., ISBN 10: 0471277118.

40. Fogel, D., (1995) *Evolutionary Computation*, IEEE Press.

41. Forrest,S. (1993) Genetic Algorithms: Principles of Natural Selection Applied to Computation, *Science*, Vol.261, No.1, pp 872-878.

42. Gallagher M. J. e Narasimhan V. L.: "A software system for the generation of test data for ADA programs", Microprocessing and Microprogramming, Vol. 38, pp. 637-644, 1993

43. Gallagher, M., J., & Narasimhan, V., L. (1997) A *test data generation suite for ada software systems.* IEEE Transaction on Software Engineering, 23(8): pp473-484.

44. Gen, Mitsuo, (1996) *Genetic algorithms and engineering design,* Wiley-IEEE, ISBN 0471127418.

45. Geoffrey, M.F., Peter M. Todd e Shailesh U. Hegde (1989) Designing Neural Networks using Genetic Algorithms, In *Proceedings of ICGA 1989,* pp 379-384.

46. Girard, E. e Rault, F. C.: "A programming technique for software reliability",

IEEE Symp. Computer Software Reliability, pp. 44-50, 1973

47. Godefroid, P. & Khurshid, S. (2002): Exploring Very Large State Spaces Using Genetic Algorithms (Explorando Espaços de Estado Muito Grandes Utilizando Algoritmos Genéticos). In TACAS '02: Proc. of the 8th Int. Conference on Tools and Algorithms for Computer.

48. Goldberg, D. E., "Genetic algorithms in search, optimization, and machine learning", Addison Wesley Longman, Inc., ISBN 0-201-15767-5, 1989.

49. Goldberg, D. E., *Genetic and Evolutionary Algorithms Come of Age*, Communications of the ACM, Vol.37, No.3, Março de 1994, pp.113-119.

50. Goldberg, D.E., (2000) The design of innovation: Lições de algoritmos genéticos, lições para o mundo real. A Previsão Tecnológica e a Mudança Social.

51. Goldberg, D.E. e Deb K., (1991) A comparative analysis of selection schemes used in genetic algorithms, *Foundations of Genetic Algorithms*, San Mateo, CA, Morgan Kaufmann, pp 69-93.

52. Goldstein, J.M., (1991) Genetic Algorithm Simulation of the SHOP Scheduling Problem, an ICMS/Shell Oil Business Consultancy.

53. Grefenstette, J.J., (1986) Optimisation of control Parameters for Genetic Algorithm, *IEEE Trans. On Systems, Man and Cybernetics,* Vol.16, No.1, pp. 122-128.

54. Hamlet D. & Taylor R., "Partition *testing does not inspira confiança",* IEEE Transactions on Software Engineering, Vol. 16, 1990, pp. 1402-1411.

55. Harrold Jean Mary (2008) *Testing Evolving Software: Prática actual e promessa futura.* ISEC'08, Hyderabad, Índia ACM 978-1-59593-917-3/08/0002. pp. 19-22.

56. Haupt, R. L., e S. E. Haupt (1998): *Practical Genetic Algorithms* John Wiley & Sons, Inc. Nova Iorque, NY.

57. Hetzel, William C., (1988): *The Complete Guide to Software Testing, 2ª ed., (1988): The Complete Guide to Software Testing, 2ª ed.* Informação sobre a publicação: Wellesley, Mass, QED Information Sciences, ISBN:0894352423.Descrição física: ix, p 280.

58. Holland, J. H., *Adaptation in Natural and Artificial Systems,* University of Michigan Press, 1975.

59. Holland, J.H., (2000) Building blocks, cohort genetic algorithms, and hyperplane-dened functions, *Evolutionary Computation,* Vol.8 No.4, pp 373-391.

60. Horning J. J., Lauer H. C., Melliar-Smith P. M. e Randell B., "*A Program Structure for Error Detection and Recovery*". *Lecture Notes in Computer Science,* 16:177-193, 1974.

61. Howden W. (1977): *Testes simbólicos e o sistema de avaliação simbólica DISSECT.* IEEE Trans. Software Eng., vol. SE-4, no. 4, pp. 266-278.

62. Howden W. E.(1982): Weak mutation testing and completeness of test sets, IEEE Trans. on Softw. Eng., 8(4), pp371-379.

63. Humphrey W. S.(1997): Introduction to the Personal S/W Process, Addison Wesley Longman Inc., 1997.

64. Ince, D. C.: "*The automatic generation of test data*", The Computer Journal, Vol. 30, No. 1, pp. 63-69, 1987.

65. Jorgensen P. C. (2001): "*Software Testing: A Craftsman's Approach*". CRC Press, 2ª edição.

66. Karr, C. L., e L. M. Freeman, Ed. (1999), *Industrial Applications of Genetic Algorithms*, CRC Press, Nova Iorque, Nova Iorque.

67. Rei J. C.: "Symbolic execution and program testing", Communication of the ACM, Vol. 19, No. 7, pp. 385-394, 1976

68. Knight, J. C. e N. G. Leveson, "*An Experimental Evaluation of the Assumption of Independence in Multi-version Programming*", *IEEE Transactions on Software Engineering*, Vol. SE-12, No. 1 (Janeiro de 1986), pp 96-109.

69. Knight, J. C. e N. G. Leveson, "*A reply to the criticisms of the Knight & Leveson experiment,*" SIGSOFT *Software. Engineering Notes* 15, 1 (Jan. 1990), 24-35.

70. Korel B.: "Automated software test data generation", IEEE Transactions on Software Engineering, Vol. 16, No. 8, pp. 870-879, Agosto de 1990.

71. Korel, B., Wedde, H., & Ferguson R. (1991): *Automated test data generation for distributed software.* Em Proc. COMPSAC!91, pp 680-685.

72. Korf, R.E., M. Reid, (1998) Complexity Analysis of Admissible Heuristic Search, In *Proceedings of the National Conference on Artificial Intelligence (AAAI-98),* Madison, WI, pp 305-310.

73. Koza, J. R. (1992): Genetic Programming (Programação genética): Sobre a programação de computadores por meio de selecção natural. MIT Press.

74. Lawrence, D., (1989) Mapping Neural Networks into Classifier systems", In *Proceedings of 3rd International Conference on Genetic Algorithms and their Applications,* pp 375-378.

75. Lin, J. & Yeh, P. (2001): Automatic test data generation for path testing using GAs. Information Sciences, 131(1-4), pp 47-64.

76. Louis, S. J. (1993). Genetic Algorithms as a Viable Computational Tool for Design (Algoritmos Genéticos como Ferramenta Computacional Viável para o Design). Tese de Doutoramento, Departamento de Informática, Universidade de Indiana. Bloomington, IN.

77. Mansour, N. & Salame, M. (2004). Data Generation for Path Testing. Software Quality Journal, 12(2), pp 121-136.

78. Meng, Q.C., (1996) An Approach on Genetic Algorithm with Symmetric Codes, *Journal of ACTA Electronic Sinica,* Vol.24, No.10.

79. Meng, Q.C. e Y.Hamam, (1993) A new Genetic Strategy with a Gate Change Function, In *Proceedings of IEEE 1993 International Conference on System, Man, Cybernetics,* pp 462-466.

80. Meng, Q.C., H. Ji, e H. Dong, (1997) Application of a New Genetic Strategy to Robot Control, In *Proceedings of IEEE ICIPS'97,* Beijing.

81. Meng, Q. C., T. J.Feng, Z.Chen, C.J.Zhou e J.H. Bo, (1999) Genetic algorithms encoding study and a sufficient convergence condition of GAs, In *Proceedings of 1999 IEEE International Conference on Systems, Man, and Cybernetics,* Tóquio, Japão, Vol. 1, pp. 649-652.

82. Merz P. e B. Freisleben (1977) Genetic Local Search for the TSP: New results, In *Proceedings of IEEE International Conference on Evolutionary Computation,* IEEE Press, pp 159-164.

83. Mesquita, A., F. Salazarand e P. Canazio, (2002) Chromosome Representation through Adjacency Matrix in Evolutionary Circuit Synthesis. NASA/Conference on Evolvable Hardware, ISBN 0769517188, pp 102-112.

84. Michalewicz Z., *"Genetic Algorithms + Data Structures = Evolution Programs"*, Springer-Verlag, 2ª edição, 1994.

85. Mitchell, M., J. H. Holland e Stephanie Forrest (1994) When will a Genetic Algorithm Outperform Hill Climbing?, In J.D.Cowan. G.Tesauro e J.Alspector (Eds.) *Advances in Neural Information Processing Systems,* 6, San Mateo, CA, Morgan Kaufmann.

86. Mitchell, M., (2011) O que é a Computação? - A Computação Biológica, *Ubiquidade,* uma PUBLICAÇÃO ACM.

87. Murnane T. & Reed K.(2001): On the Effectiveness of Mutation Analysis as a Black Box Testing Technique, 13th Australian Software Engineering Conference (ASWEC'01), Canberra, Austrália pp 00-12.

88. Myers, G.J. (1979): *The Art of Software Testing*, John Wiley & Sons, Inc. Nova Iorque.

89. Natowicz, R. e G.Venturini, (1990) Genetic Algorithms and Classifier Systems for an Autonomous Moving Robot, In Proceedings of the IASTED International Symposium on Applied Modelling and Simulation, Lugano.

90. Negnevitsky, M., (2002) *Artificial Intelligence, A Guide to Intelligent Systems.* Pearson Education Limited, ISBN 0201-71159-1.

91. Offutt J. e Hayes J., *"Um modelo semântico de falhas de programa"*. In International Symposium on Software Testing and Analysis (ISSTA 96), páginas 195{200. ACM Press, 1996.

92. Ould, M. A.: "Testing - a challenge to method and tool developers", Software Engieering Journal, pp. 59-64, Março de 1991.

93. Pargas, R. P. et al. (1999): Test-Data Generation Using Genetic Algorithms (Geração de dados de teste utilizando algoritmos genéticos). Software Testing, Verification & Reliability, 9(4), pp 263-282.

94. Parrish, A.S. & Zweben S.H.(1995): On the relationships among the all-uses, all-DU-paths, and all-edges testing criteria", Software Engineering, IEEE Transactions, pp 1006-1009.

95. Paul C. Jorgensen (2010): "Software Testing- A Craftsman's Approach", Auerbach Publication, ISBN 13:978-0-8493-7475-3.

96. Prasad K.V.K.K.(2006): Software Testing Tools with case studies, Dreamtech Press.

97. Ramamoorthy C., Ho S., & Chen W., (1976) "On *the automated generation of program test data"*, IEEE Trans. Software Eng. , vol. SE-2, no. 4, pp. 293-300.

98. Rapps Sandra, Elaine J. Weyuker (1982): Data Flow Analysis Techniques for Test Data Selection", 6th International Conference on Software Engineering, Tokyo, Japão, 13-16 de Setembro de 1982.

99. Ray S., Bandyopadhyay S. e Pal S.K., (2007) Genetic operators for combinatorial optimization in TSP and microarray gene ordering, Springer Science + Business Media, LLC.

100. Reza, H. Lande, S. (2010): Tecnologia da Informação: Novas Gerações (ITNG), 2010 Sétima Conferência Internacional. Las Vegas ISBN: 978-1-4244-6270-4, Número de Adesão ao INSPEC: 11402724, Identificador de Objecto Digital: 10.1109/ITNG.2010.122, Data da Versão Actual: 01 de Julho de 2010, pp 188 - 193.

101. Ridley, M., (1996) *Evolution*, Blackwell Science, 2 edição.

102. Roger I.. W., 19 de Novembro de 1993, "Introduction to Genetic Algorithms - Theory and Applications", The Seventh Oklahoma Symposium on Artificial Intelligence.

103. Ryan, C., (2000) *Automatic reengineering of software using genetic programming*, Genetic Programming Series, Kluwer Academic Publishers, ISBN 0-7923-8653-1.

104. Saridakis, T. "*A System of Patterns for Fault Tolerance*", Proceedings of EuroPLoP 2002, Kloster Irsee, Alemanha, Julho de 2002, pp 535-582.

105. Sarma, J. e De Jong K. (1997) Generation gap methods, In Back,T. , D.B.Fogel e Z.Michalewicz (Eds.) *Handbook of Evolutionary Computation*, pp C2.7:1-C2.7:5.

106. Sastry, K., (2002) Evaluation-relaxation schemes for genetic and evolutionary algorithms. Tese de mestrado, Universidade de Illinois em Urbana-Champaign, Urbana.

107. Sivanandam, S.N. e S.N. Deepa (2007) Introduction to Genetic Algorithms, Springer, ISBN 9783540731894.

108. Sivaraj, R. e T. Ravichandran, (2011) A review of selection methods in Genetic Algorithms, *International Journal of Engineering Science and Technology,* Vol.3, No.5, pp 3792-3797.

109. Shingo Shigeo, Controlo de Qualidade Zero: Source Inspection & the poka-yoke system, Productivity Press, 1986.

110. Srinivas M. & Patnaik L. M. (1994): Genetic algorithms: a survey, IEEE Computer, 27 (6), pp 17-26.

111. Staknis, M. E.: "Software quality assurance through prototyping and automated testing", Inf. Software Technol., Vol. 32, pp. 26-33, 1990

112. Starkweather, T., S. McDaniel, K. Mathias, D. Whitley e C. Whitley, (1991) A comparison of genetic sequencing operators, In R. Belew and L. Booker (Eds.) *Proceedings of the Fourth International Conference on Genetic Algorithms,* San Mateo, CA, Morgan Kaufmann, pp 69-76.

113. Sthamer, H. (1996): The Automatic Generation of Software Test Data Using Genetic Algorithms (Geração automática de dados de teste de software utilizando algoritmos genéticos). Tese de doutoramento, Universidade de Glamorgan, Pontyprid, País de Gales, Grã-Bretanha.

114. Sthamer H., Baresel A. & Wegener J., (2001) "Evolutionary *Testing of Embedded Systems",* 14th International Internet Quality Week.

115. Tai K. C. & Lei Y. (2002): *A test generation strategy for pairwise testing.* IEEE Transactions of Software Engineering, Vol 28 No.1.

116. Taub, H. e D. L. Schilling, (1986) *Principles of Communication Systems,* Nova Iorque: McGraw-Hill.

117. Taylor R.: "*An example of large scale random testing*", Proc. 7th annual Pacific North West Software Quality Conference, Portland, OR, pp. 339-48, 1989.

118. Thierens, D. e David E. Goldberg, (1994) Convergence Models of Genetic Algorithm Selection Schemes, PPSN 1994, pp 119-129.

119. Thomas W., Global Optimization Algorithms - Theory and Application, Agosto de 2007

120. Tom V. Mathew, "Genetic Algorithm" [Disponível em: http://www.civil.iitb.ac.in/tvm/2701_dga/2701-ga-notes/gadoc.pdf], Recuperado em 14/1/2012].

121. Tomek L., Muppala J. e Trivedi K. S. , *"Modelação de Correlação em Blocos de Recuperação de Software"*. In IEEE Transactions on Software Engineering (Special issue on Software Reliability), Vol. 19, No.11, Novembro de 1993, pp. 1071-1086.

122. Tomek L. e Trivedi K. S., *"Analyses Using Stochastic Reward Nets"*, In Software Fault Tolerance, ed. M. Lyu, John Wiley & Sons, 1994.

123. Torres-Pomales, W., *"Software Fault Tolerance: A Tutorial, Technical Report"*, Relatório nº NASA-2000-tm210616, 2000.

124. Tsoukalas M. Z., Duran J. W. e Ntafos S. C.: "On some reliability estimation problems in random and partition testing", IEEE Transactions on Software Engineering, Vol. 19, No. 7, pp. 687-697, Julho de 1993.

125. VijayLakshmi, K. e Radhakrishnan, S., "Hybrid genetic algorithm for dynamic QoS Routing for Real Time Applications", Actas da Conferência Internacional sobre Sistemas e Redes Inteligentes (IISN), pp 203-209, 2007

126. Wegener, J. e Pitschinetz, R.: *"TESSY - Mais uma ferramenta de teste de software assistida por computador? "* Proceedings of the Second International Conference on Software Testing, Analysis and Review, Bruxelles, Bélgica, 1994.

127. Wegener, J., Grimm, K., Grochtmann, M., Sthamer, H. e Jones, B.: *"Systematic Testing of Real-Time Systems"*. Proceedings of the Fourth European International Conference on Software Testing, Analysis & Review, Amesterdão, Países Baixos, 1996.

128. Whitley D., "A Genetic Algorithm Tutorial" *Statistics and Computing* (4):65-85, 1994.

129. Zeller, A. (2001): "Automated Debugging : Are We Close?" *IEEE Computer*, 34, 11, pp26-31.

130. http://www.mathworks.in/products/matlab/ Data: 12-08-2009, 11:00amIST

131. S. Salah, A.J. Carretero, e A. Rahim, "The integration of quality management and continuous improvement methodologies with management systems", International Journal Productivity and Quality, Vol. 6, No. 3, pp.269-288, 2010.

132. Kapur P. K Singh V.B. e Yang Bo "Software Reliability Growth Model for Determining Fault Types" 3rd International Conference on Reliability and Safety Engineering (INCRESE-2007), Udaipur, realizada durante 17-19 de Dezembro de 2007, pp. 334-349

133. Kapur P.K., Younes S. e Agarwala S. (1995) "Generalized Erlang Software Reliability Growth Model with n types of fault", ASOR Bulletin,14, pp. 5-11.

134. Kapur P.K. Kumar Archana ,Yadav Kalpana e Khatri Sunil " Software Reliability Growth Modelling for Errors of Different Severity using Change Poin"t, International Journal of Quality ,Reliability and Safety Engineering ,2007Vol.14,No.4, pp. 311-326.

135. Kapur P.K., Kumar Archana , Mittal Rubina e Gupta Anu (**2005**)". Flexible Software Reliability Growth Model Defining Errors of Different Severity, Reliability, Safety and Hazard, Narosa Publishing New Delhi, pp. 190-197.

136. Singh V.B., Khatri Sujata e Kapur P.K. (2010): A Reliability Growth Model for Object Oriented Software Developed under Concurrent Distributed Development Environment, publicado em proceedings of 2nd International Conference on Reliability Safety and Hazard, organizado pelo Bhabha Atomic Research Center, Mumbai realizado durante os dias 14-16 de Dezembro de 2010, pp. 479-484.

Buy your books fast and straightforward online - at one of world's fastest growing online book stores! Environmentally sound due to Print-on-Demand technologies.

Buy your books online at
www.morebooks.shop

Compre os seus livros mais rápido e diretamente na internet, em uma das livrarias on-line com o maior crescimento no mundo! Produção que protege o meio ambiente através das tecnologias de impressão sob demanda.

Compre os seus livros on-line em
www.morebooks.shop

KS OmniScriptum Publishing
Brivibas gatve 197
LV-1039 Riga, Latvia
Telefax: +371 686 204 55

info@omniscriptum.com
www.omniscriptum.com